ACCESO GRATIS *a la Lectura en la Nube*

Para visualizar el libro electrónico en la nube de lectura envíe junto a su nombre y apellidos una fotografía del código de barras situado en la contraportada del libro y otra del ticket de compra a la dirección:

ebooktirant@tirant.com

En un máximo de 72 horas laborales le enviaremos el código de acceso con sus instrucciones.

LA DEFENSA JUDICIAL DE LA POSESIÓN EN COLOMBIA

LA DEFENSA JUDICIAL DE LA POSESIÓN EN COLOMBIA

Segunda Edición
Primera con Tirant lo Blanch

JULIÁN GARCÍA RAMÍREZ

tirant lo blanch
Bogotá, 2023

García Ramírez, Julián, autor.

La defensa judicial de la posesión en Colombia / Juliá García Ramírez. – Primera edición. – Bogotá : Tirant lo Blanch, 2023.

142 páginas.

Incluye referencias bibliográficas.

ISBN: 978-84-1197-766-1

1. Derecho civil. 2. Propiedad. 3. Posesión (Derecho) - Colombia. I. Moisá, Benjamín, escritor de prólogo. II. Vásquez Jaramillo, Luis Guillermo, escritor de prólogo. III. Título.

LC: KHH550

CDD: 343.023 ed. 23

Catalogación en publicación de la Biblioteca Carlos Gaviria Díaz

© TIRANT LO BLANCH
EDITA: TIRANT LO BLANCH
Calle 11 # 2-16 (Bogotá D.C.)
Telf.: 4660171
Email: tlb@tirant.com
Librería virtual: www.tirant.com/co/
ISBN: 978-84-1197-766-1

Si tiene alguna queja o sugerencia, envíenos un mail a: *atencioncliente@tirant.com*. En caso de no ser atendida su sugerencia, por favor, lea en *www.tirant.net/index.php/empresa/politicas-de-empresa* nuestro procedimiento de quejas.

Responsabilidad Social Corporativa: http://www.tirant.net/Docs/RSCTirant.pdf

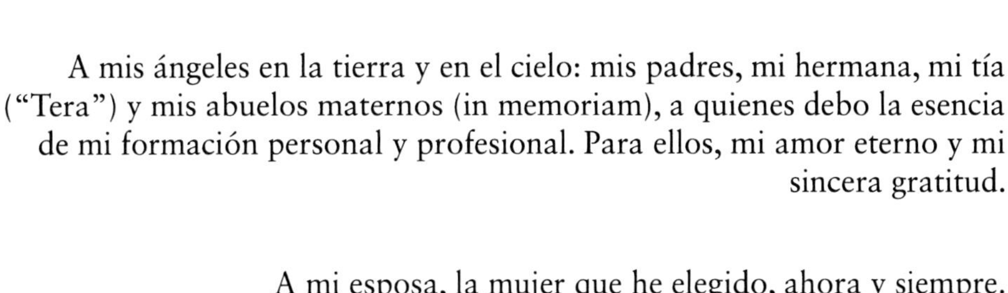

A mis ángeles en la tierra y en el cielo: mis padres, mi hermana, mi tía ("Tera") y mis abuelos maternos (in memoriam), a quienes debo la esencia de mi formación personal y profesional. Para ellos, mi amor eterno y mi sincera gratitud.

A mi esposa, la mujer que he elegido, ahora y siempre.

"Publicamos nuestros libros para librarnos de ellos, para no pasar el resto de nuestras vidas corrigiendo borradores".

Alfonso Reyes

"En todas las actividades es saludable, de vez en cuando, poner un signo de interrogación sobre aquellas cosas que por mucho tiempo se han dado como seguras".

Bertrand Russell

AGRADECIMIENTOS

Mi agradecimiento especial a mi familia, seres de amor y de paz, a quienes ofrezco mi esfuerzo y dedicación. A ellos, todo mi afecto y mi eterna gratitud por su apoyo, su paciencia y su abnegación infinita.

A Verónica Hoyos, amiga y co-fundadora de la firma GESLA Abogados, con quien hemos empredido un camino de aprendizaje, trabajo conjunto y proyectos comunes. Su lectura paciente de este trabajo, me han permitido importantes claridades.

Al Dr. Luis Guillermo Velásquez Jaramillo, maestro y jurista, por prologar estas breves líneas que, en buena medida, son una expresión de gratitud por las múltiples enseñanzas que me ha ofrendado en el proceso de mi formación profesional. Simpre, gracias.

A mi esposa, quien me alentó a concluir este proyecto y, en silencio y con amor, me permitió el tiempo y el espacio para lograrlo.

Fialmente, al profesor Manuel Oviedo, mi sincera gratitud, por los encuentros, las palabras y la suma de conversaciones que clarificaron algunas sombras de la primera edición.

Índice

PRÓLOGO A LA PRIMERA EDICIÓN

No hay mayor satisfacción para un profesor que el reconocimiento y la amistad de quienes fueron sus alumnos; y, precisamente, esa es la grata sensación que me embargó cuando Julián García Ramírez me pidió que le prologara esta obra.

Pero Julián, hoy Magíster en Derecho, no fue un alumno cualquiera. Lo conozco y me honra con su amistad desde 2009, año en el que se destacó como cursante del módulo a mi cargo sobre *contratación masiva* de la recordada Primera Cohorte de la Maestría en Derecho de la Universidad de Medellín, en la que fue un verdadero *primus inter pares.* Desde entonces sigo sus pasos y cada año no falta oportunidad de que, con motivo de mis regulares visitas a las hermosísimas *tierras paisas* para dar clases en la Maestría y en el Doctorado en Derecho de la querida y prestigiosa Universidad de Medellín, nos juntemos en la librería o en el bar para, *tintico* de por medio, intercambiar algunas ideas y pareceres.

Por ello, me siento con autoridad para dar fe de la seriedad, dedicación, rigor científico y honestidad intelectual con la que Julián García Ramírez investiga y trata con sobrada solvencia temas de gran trascendencia, como la teoría del *acto jurídico* o de la *responsabilidad civil,* incursionando esta vez, también con éxito, en una problemática tan compleja como la *defensa judicial de la posesión,* la cual exige del autor un amplio dominio de los *derechos reales* y del proceso.

No es mi costumbre detener en un prólogo al ansioso lector con un resumen del libro prologado, pues para ello está la obra, pero no puedo pasar por alto la claridad, sobriedad y concreción con que el autor trata temas tan complicados como la *posesión* –causa de más de un desvelo para el gran Savigny y el sagaz Ihering– y su *defensa judicial,* delimitando y precisando con sencillez y maestría los distintos grados de señorío que se pueden ejercer sobre las cosas, y además las vías procesales aptas para su eficaz protección.

En suma, serán el jurista, el juez, el abogado, el estudiante o el público en general quienes den su veredicto final sobre la obra, la que por mi parte considero de gran valía, augurándole a su joven autor un gran futuro en la civilística colombiana.

Benjamín Moisá
Juez de la Excma. Cámara de Apelaciones en lo Civil y Comercial Común
Tucumán, Argentina, 7 de marzo de 2018

PRÓLOGO A LA SEGUNDA EDICIÓN

Se puede decir que la posesión es una figura jurídica curiosa, enigmática y a veces difícil de entender. Se ubica dentro del Libro II del Código Civil bajo el acápite de "de los bienes y de su dominio, posesión, uso y goce", presentándose allí como un hecho rodeado de derechos reales por todas partes. Surge desde épocas muy antiguas con una finalidad poco estudiada como es su criterio socializante para premiar el trabajo del hombre por encima de títulos humedecidos por la negligencia de los que ostentan un derecho de propiedad, evitando con ello que los bienes sean "letárgicos" e improductivos dentro de una sociedad que por naturaleza preconiza su explotación económica. El poseedor en su visión pura y no contaminada de titularidad real , a través del paso del tiempo y en cumplimiento de ciertos requisitos de ley, logra el derecho real de dominio "arrebatándole" el derecho real al propietario negligente. La ley le dice al poseedor: Luche, explote económicamente (corpus) y hágalo como si fuera el propietario (ánimus) y espere que con el paso del tiempo el juez de la causa le declare el dominio mediante sentencia.

La posesión no agrada a ciertas instituciones jurídicas. La legislación hace malabarismos constantes para evitarle su entrada al registro inmobiliario y evitar así que las diversas interpretaciones de los operadores jurídicas la igualen al dominio o propiedad. El mismo Savigny, postulante de la posesión como mero hecho tuvo que agregarle la expresión con consecuencias jurídicas para que no se quedara la figura cumpliendo un papel inane o neutro en la sociedad. Absurdo hubiera sido entregarle al poseedor una expectativa de derecho pero que lo hiciera sin protección. ¡Si te perturban o arrebatan el hecho defiéndete a ti mismo pero no busques que yo te proteja diría la ley! Es en esta consecuencia jurídica que adquiere relevancia la obra del profesor universitario y colega JULIAN GARCÍA RAMIREZ denominada "La defensa Judicial de la Posesión en Colombia" (segunda edición) a quien tuve oportunidad de conocer en la labor de docente en la Facultad de Derecho de la Universidad de Medellín. Pocos como él enaltecen el oficio de maestro alejados de los ruidos y lisonjas sociales, sin "escudos de oro" medallas y demás condecoraciones; de vez en cuando el recuerdo de algún alumno surge como un oasis en el desierto haciendo honor a las enseñanzas dadas. Alguna vez me dolía de la ingratitud propia del oficio de profesor al resaltar que de más de mil alumnos que tuve durante 43 años de cátedra sólo uno levanta con frecuencia el estandarte del reconocimiento. La frase "el mejor homenaje al profesor es el recuerdo de sus alumnos", tan de boga en los tiempos pasados, es hoy un pedazo de hierro viejo camino a la fundición.

Afortunadamente hemos tenido la oportunidad de entrar al escenario de la doctrina donde aún las obras antiguas permanecen después de la muerte del autor. Aproximándonos al tema de la obra del profesor García, se me viene a la mente la obra de la Posesión del maestro Arturo Valencia Zea, que lo hace ver en la actualidad como un ser viviente y a la que poco le ha importado la muerte del autor.

Generalmente el tema planteado no ha merecido en Colombia un tratamiento especial y tradicionalmente hace parte del curso de Derechos reales al cual llegan los alumnos, en su parte final (títulos 13 y 14 del Código Civil), un poco fatigados tras haber recorrido la parte sustantiva de los derechos reales. Comienza el autor su obra en su capítulo primero con una holgada síntesis de los principios generales de la posesión como lo son los referentes a su naturaleza jurídica y los diversas tesis que se sustentan en la doctrina, para continuar en su capítulo segundo con los fundamentos de la protección posesoria. En su capítulo tercero trata de las acciones o pretensiones posesorias de recuperación y conservación y los posesorios especiales. Continúa en sus capítulos cuarto y quinto, con la querella de restablecimiento y la acción publiciana, respectivamente.

La obra al entrar por las puertas de la segunda edición deja en el ambiente jurídico aires refrescantes que combinan la juventud de su autor con principios clásicos tradicionales muy arraigados en la legislación colombiana. Sobran las palabras para alabarla y solo queda para sus lectores la felicitación por haber escogido el sendero correcto para entender las defensa del fenómeno posesorio.

La Ceja, septiembre 5 de 2023

Luis Guillermo Velásquez Jaramillo
Abogado

INTRODUCCIÓN

La posesión ha sido un tema sobre el que la doctrina especializada ha discutido extensamente, no sólo en función de sus implicaciones prácticas, sino también en relación con su fundamentación teórica o dogmática. En este último escenario, los debates se han centrado, entre otros, en el estudio de su estructura, de su naturaleza y de las razones que justifican la tutela efectiva del hecho posesorio. De tal cúmulo de estudios, bien puede reconocerse en la posesión un instituto de gran impacto social, es decir, su trascendencia, antes que normativa, es de naturaleza socio-económica. Por lo tanto, su reconocimiento, en tanto instrumento de justicia social, promueve los fines y valores esenciales de un Estado Social de Derecho, a saber: la igualdad, la solidaridad, la dignidad humana y el trabajo.

Por lo anterior, es decir, por aquella conexidad entre la posesión y la realización de valores constitucionales, se ha conferido a la posesión un lugar privilegiado en el marco de los debates que discurren por los senderos del derecho patrimonial y, concretamente, del llamado derecho de bienes.

En ese sentido, y reconociendo su evidente trasunto social, las siguientes líneas se centran en el análisis dogmático de la posesión y, concretamente, en el estudio de su naturaleza y de las razones que justifican su efectiva protección en el contexto del derecho colombiano. Para el efecto, en primer lugar, se hará una referencia a los aspectos generales de la posesión, con el fin de ubicarla y caracterizarla como institución jurídica y patrimonial. En segundo lugar, se hará una exposición de las principales tesis que se han ocupado de tratar su naturaleza para, posteriormente, efectuar una revisión crítica de ese debate tradicional y, en seguida, proponer un entendimiento de la posesión a partir de la teoría de los hechos jurídicos (Capítulo I). Finalmente, se hará una relación de los diferentes enfoques que han servido como justificación a la protección posesoria, a efectos de exponer, a renglón seguido, aquel que se estima más ajustado para fundamentar la tutela efectiva del hecho posesorio (Capítulo II).

De otro lado, se estudiará, desde los enfoques doctrinal, normativo y jurisprudencial, y sin renunciar al estudio crítico y analítico, los diferentes mecanismos de protección de la posesión. Con tal propósito, se desarrollarán, aludiendo a su noción, finalidad, características, requisitos y tipologías, según corresponda, las siguientes figuras: los acciones posesorias (interdictos posesorios y posesorios especiales), la querella de restablecimiento y, finalmente, la acción publiciana o reivindicatoria especial (Capítulos III, IV y V).

En esa medida, con el fin de cumplir los objetivos propuestos, se efectuará, en primer lugar, un cuidadoso análisis de la dogmática jurídica en torno a la naturaleza y fundamentación de la posesión, con el propósito, no sólo de reconstruir un debate que ha generado diversidad de concepciones, sino de proponer algunas ideas que se encaminan a fortalecer una discusión que aún conserva vigencia. En segundo lugar, como se indicó, se hará un estudio descriptivo, crítico y reflexivo de los diferentes mecanismos de protección de la posesión en el derecho colombiano, apelando a los enfoques normativo, doctrinal y jurisprudencial con miras a efectuar un estudio amplio de la temática referida.

CAPÍTULO I

DE LA POSESIÓN: ASPECTOS GENERALES

1. DE LOS PODERES MATERIALES SOBRE LAS COSAS

Como bien lo tiene establecido la jurisprudencia y la doctrina, los poderes de hecho sobre las cosas pueden ejercerse como el resultado de relaciones jurídicas derivadas de la propiedad, de la posesión o de la mera tenencia.

En el primer caso, el poder de hecho sobre los bienes es concreción efectiva de las facultades materiales que el derecho de propiedad le confiere a su titular (poder de hecho como ejercicio de un poder jurídico). En el segundo evento, cuando la posesión no se deriva del ejercicio de la titularidad dominial (no es consecuencia de un poder jurídico), el poder de hecho se encamina a configurar los presupuestos necesarios para adquirir, a futuro, el derecho real susceptible de usucapión[1]. Finalmente, en el último supuesto, el poder hecho, limitado en comparación con el ejercido por el poseedor, se especifica en el uso o el goce de los bienes en los términos establecidos en la respectiva relación de tenencia.

Por lo mismo, el poder de hecho del propietario reafirma su efectiva titularidad; el ejercido por el poseedor, quien desconoce dominio ajeno, se orienta a configurar su titularidad y, finalmente, el poder fáctico del mero tenedor, quien reconoce dominio ajeno, es derivación de alguna de las anteriores situaciones, es decir, es el resultado de un título precario que vincula al tenedor con quien detenta la cosa como dueño real o presunto (poseedor).

---

1 En síntesis admirable, observa Hernández Gil: "La "posesión" no es la propiedad. La posesión puede presentarse en dos situaciones fundamentales: integrada en el derecho de propiedad y como uno de los modos de manifestarse; o bien la posesión sin más, en sí, abstracción hecha de si es consecuencia o no de la propiedad o de otro derecho real. Naturalmente, sólo en el segundo evento tiene significado autónomo". HERNÁNDEZ GIL, ANTONIO. La función social de la posesión (Ensayo de teorización sociológico jurídica). Madrid: Alianza Editorial, 1969. P. 8.

De igual manera, las diferencias entre las mentadas figuras se proyectan a su forma de protección, así: el derecho real de dominio, como la generalidad de los derechos reales (salvedad hecha del derecho de herencia –arts. 948 y 1321 CC[2]-), se protege mediante el ejercicio de la acción reivindicatoria (art. 946 CC) y, en el evento de concurrir propiedad y posesión, el titular puede servirse de los interdictos posesorios (art. 972 CC). Por su parte, tratándose de la posesión (inmobiliaria)[3], el interesado defiende su poder de hecho mediante el ejercicio de los interdictos posesorios (art. 972 CC) y, en el caso de la posesión regular, mediante el ejercicio de la acción publiciana o reivindicatoria especial (art. 951 CC). Y, finalmente, la mera tenencia se tutela por medio de acciones personales (es decir, mediante procesos de restitución de tenencia) que tienen por objeto la protección de los derechos subjetivos (derechos personales) derivados de la respectiva relación de tenencia (art. 666 CC).

Estos matices que se derivan de los poderes fácticos ejercidos sobre bienes corporales, fueron destacados por la Corte Suprema de Justicia al observar:

> "...las personas pueden encontrarse en una de tres posiciones, cada una de las cuales tiene diversas consecuencias jurídicas e igualmente le confiere a su titular distintos derechos subjetivos. Estas posiciones son: 1) Como mero tenedor, cuando simplemente ejerce un poder externo y material sobre el bien reconociendo dominio ajeno (art. 775 C.C.). 2) Como poseedor, cuando, además de detentar materialmente la cosa, tiene el ánimo de señor y dueño y quien, de conformidad con el artículo 762 del código citado, es reputado dueño mientras otra persona no justifique serlo. 3) Como propietario, cuando efectivamente tiene un derecho real en la cosa, con exclusión de todas las demás personas y que lo autoriza para usar, gozar y disfrutar del bien dentro de la ley y de la función social que a este derecho corresponde (art. 669 C.C.)"[4].

---

2 No obstante lo expresado por el citado artículo 948 CC, es sabido que los herederos pueden ejercer la acción reivindicatoria, *iure proprio (art. 1325 CC)* o *iure hereditatis*, a efectos de obtener la restitución de bienes que integran la masa herencial. Al respecto, ha observado la Corte Suprema de Justicia: "Es así como el artículo 1321 prevé que "*el que probare su derecho a una herencia, ocupada por otra persona en calidad de heredero, tendrá acción para que se le adjudique la herencia, y se le restituyan las cosas hereditarias (...)*" y por añadidura el 1325 extiende esa facultad de protección a que "*el heredero podrá también hacer uso de la acción reivindicatoria sobre cosas hereditarias reivindicables que hayan pasado a terceros y no hayan sido prescritas por ellos*", de donde se desprende que son **dos acciones diferenciadas e instituidas en favor de quien tenga la calidad de heredero para hacer valer sus derechos, las que dependiendo de las circunstancias puede ejercer de forma independiente o ya sea coligadas, en aras de procurar ante una pluralidad de factores concurrentes obtener pronta solución en un solo pleito**". Corte Suprema de Justicia, Sala Civil, Sentencia SC1693 del 14 de mayo de 2019. M.P. Octavio Augusto Tejeiro Duque. Asimismo, ver sentencia SC 20 de febrero de 1958, G.J. LXXXVII, pág. 77. Citada en SC 22 de abril de 2022, radicado N. 7047.

3 Como se indicará en líneas posteriores, la protección de la posesión mobiliaria se concreta en el ejercicio de las acciones policivas. Estas acciones, sin embargo, son igualmente extensivas a la defensa de la posesión inmobiliaria, de los derechos reales e, incluso, de la mera tenencia.

4 Corte Suprema de Justicia. Sala de Casación Civil. Sentencia de agosto 29 de 2000. M.P. Jorge Santos Ballesteros.

2. POSESIÓN Y PROPIEDAD

El código civil en el artículo 669 dispone:

> El dominio (que se llama también propiedad) es el derecho real en una cosa corporal, para gozar y disponer de ella no siendo contra ley o contra derecho ajeno.

La propiedad separada del goce de la cosa, se llama mera o nuda propiedad.

Es regla general el que la propiedad esté acompañada de la posesión. Es decir, la posesión, así considerada, se asumiría como la efectiva concreción de las facultades materiales que el derecho le confiere a su titular. En este caso, por lo tanto, habría una coincidencia entre la propiedad y la posesión. Ejerciendo la segunda se confirma la titularidad de la primera. Desde este enfoque, la propiedad es causa de la posesión, y aquella, en consecuencia, es efecto directo de la actualización de las atribuciones conferidas al propietario.

Y esta relación entre propiedad y posesión, bien puede representarse en el ejercicio directo de las facultades por el propietario, o bien, en el hecho de permitir que un tercero ejerza aquella posesión como representante o servidor suyo (tal el caso de un arrendatario, usufructuario, comodatario, etc.). En el último caso, el propietario posee por interpuesta persona o, técnicamente, confirma su posesión por medio de la mera tenencia.

3. POSESIÓN Y MERA TENENCIA

El Código Civil en el artículo 775 dispone:

> "Se llama mera tenencia la que se ejerce sobre una cosa, no como dueño, sino en lugar o a nombre del dueño. El acreedor prendario, el secuestre, el usufructuario, el usuario, el que tiene derecho de habitación, son meros tenedores de la cosa empeñada, secuestrada o cuyo usufructo, uso o habitación les pertenece. Lo dicho se aplica generalmente a todo el que tiene una cosa reconociendo dominio ajeno."

Como es sabido, la mera tenencia es un fenómeno diferente a la posesión: mientras aquella sólo exige la simple detención material del bien, es decir, *el corpus*; la posesión requiere de la tenencia cualificada, esto es, acompañada del ánimo de señorío, aspecto que implica la concurrencia de los elementos subjetivo y objetivo: el *animus* y el *corpus*.

Por lo mismo, el mero tenedor es, en rigor jurídico, un representante de la posesión; ejerce un poder de hecho reconociendo dominio ajeno; ejerce sus facultades prevalido de un título precario -sin vocación traslaticia-; no disputa con su conducta la titularidad sobre los bienes detentados; no despliega actos materiales con miras a tornarse en propietario; no acumula tiempo útil para efectos posesorios y, en fin, por obrar con un ánimo diferente al del poseedor (*animus tenendi*), siempre asume la obligación de restituir materialmente los bienes a su titular.

Sobre la expresada diferencia entre ambos poderes de hecho, ha manifestado la Corte Suprema de Justicia:

> *"Se tiene por establecido que el ánimo de señorío sobre el bien, marca la diferenciación entre lo que es solo tenencia y la posesión, a tal punto que el legislador lo consagró en el derecho positivo, al disponer que el simple transcurso del tiempo «no muda la mera tenencia en posesión» (C.C., arts. 777 y 778)"*[5].

Asimismo, sobre la base de lo anterior, la mentada corporación añadió:

> *"Por lo demás, que en el proceso no obre prueba sobre la existencia de un contrato específico de mera tenencia que haya hecho posible el ingreso al bien, no conduce necesariamente a concluir que quien tenía la cosa debía considerarse como poseedor, pues es posible que a pesar de que haya una aprehensión material sin un acuerdo de voluntades previo, de todas formas falten los elementos configurativos de la posesión (animus y corpus). La regla no es que en ausencia de prueba de un contrato de tenencia debe considerarse poseedor al que tiene la cosa, sino que, a la luz del artículo 775 del Código Civil, es todo lo contrario, es decir, que quien no acredita la condición de poseedor debe ser mirado como un simple tenedor"*[6].

Se sigue de lo expuesto, el que la detentación material de los bienes no hace presumir, en quien la ejerce, la calidad de poseedor. Por el contrario, la aprehensión material hace presumir, en principio, la relación de tenencia sin ánimo de señorío. Tal presunción, sin embargo, admite prueba en contrario (*iuris tantum*), debiéndose acreditar hechos constitutivos de posesión o, como lo consagra el artículo 981 CC, "hechos positivos de aquellos a que sólo da derecho el dominio, como el corte de maderas, la construcción de edificios, la de cerramientos, las plantaciones o sementeras, y otros de igual significación, ejecutados sin el consentimiento del que disputa la posesión".

4. LA LLAMADA "INTERVERSIÓN" DE LA MERA TENENCIA EN POSESIÓN

La mera tenencia, según dispone el art. 777 CC, es inmutable. En consecuencia, "el simple lapso de tiempo (sic) no muda la mera tenencia en posesión". Así pues, la detentanción material de los bienes, a título de simple tenencia, no muta, por el paso del tiempo, en un supuesto de posesión. En otras palabras, la mera tenencia, no es fuente del hecho posesorio y el mero tenedor, por el simple discurrir del tiempo, no adopta la calidad de poseedor.

No obstante lo expresado, la jurisprudencia de la Sala Civil de la Corte Suprema de Justicia, en relación con el temática tratada, ha desarrollado la figura de la "interversión" de la mera tenencia en posesión (interversión del título), significando que, en determina-

5 Corte Suprema de Justicia. Sala de Casación Civil. Sentencia del 22 de octubre de 1997. M.P. Pedro Lafont Pianetta.

6 Corte Suprema de Justicia. Sala de Casación Civil. Sentencia del 25 de noviembre de 2010. M.P. Edgardo Villamil Portilla.

dos eventos y cumplidos precisos requisitos, la mera tenencia puede devenir en posesión. Al respecto, ha observado la corporación:

> "...es posible que quien inició la ocupación de un bien bajo un título de mera tenencia, por actos inequívocos **modifique esa condición de mero tenedor en la de verdadero poseedor del bien**, al punto que se comporte como su señor y dueño desconociendo ese señorío en cabeza de quien en realidad lo ostenta"[7].

Obsérvese que, a términos del precedente consolidado del alto tribunal, se reconoce al mero tenedor la posibilidad de modificar su condición a poseedor, transformando su calidad y permitiéndole, en seguida, adoptar el ropaje propio del hecho posesorio. Sin embargo, tal "interversión", así explicada, ofrece varios reparos:

i. En primer lugar, no es una figura con previa consagración y desarrollo normativo en el ordenamiento civil; antes bien, pareciera contravenir el sentido y alcance del artículo 777 CC, alusivo a la inmutabilidad de la mera tenencia.

ii. En segundo lugar, tal instituto sugiere, de manera equívoca, que la mera tenencia puede abrir paso a la posesión, aspecto que, sin duda, resulta ilógico y contrafáctico. Ilógico por cuanto la posesión y la simple tenencia, según lo esbozado en líneas precedentes, son poderes materiales que se ejercen sobre las cosas con características y requisitos disímiles. Así, mientras el poseedor debe acreditar los elementos objetivo y subjetivo para edificar su calidad: *corpus* y *animus domini*; el mero tenedor, por su parte, ejerce su detentación material, aunque prevalido de *corpus,* bajo un estado subjetivo diferente: *animus tenendi*; es decir, reconoce dominio ajeno y está asistido de un título sin vocación traslaticia (cual el caso, por ejemplo, de los contratos de comodato, arrendamiento, anticresis e, incluso, promesa de compraventa[8]). Por lo mismo, siendo tan diversos sus

---

7 Corte Suprema de Justicia. Sala de Casación Civil. Sentencia SC-3381 de agosto 11 de 2021. M.P. Octavio Augusto Tejeiro Duque.

8 Al efecto, ha observado la Sala Civil de la Corte Suprema de Justicia: "La promesa no es por sí misma 'un acto jurídico traslaticio de la tenencia o de la posesión del bien sobre el cual ella versa' (CCXLIII, 530), salvo 'que en la promesa se estipulara clara y expresamente que el promitente vendedor le entrega al futuro comprador en posesión material la cosa sobre la cual versa el contrato de promesa' (CLXVI, 51), y para 'que la entrega de un bien prometido en venta pueda originar posesión material, sería indispensable entonces que en la promesa se estipulara clara y expresamente que el prometiente vendedor le entrega al futuro comprador en posesión material la cosa sobre la cual versa el contrato de promesa, pues sólo así se manifestaría el desprendimiento del ánimo de señor o dueño en el prometiente vendedor, y la voluntad de adquirirlo por parte del futuro comprador' (G. J., t. CLXVI, pág. 51). Por consiguiente, cuando los promitentes contratantes anticipando el cumplimiento del contrato prometido, en forma clara, explícita e inequívoca no estipulan expressis verbis en cláusula agregada a propósito la entrega antelada de la posesión de la cosa prometida en compraventa, se entiende entregada y recibida a título de mera tenencia, porque al prometerse con la celebración del definitivo, transferir y adquirir la propiedad de su dueño, se reconoce dominio ajeno, y tal reconocimiento, ex-

elementos configurantes, no es admisible sugerir que la mera tenencia pueda devenir, mutar o transformarse en hecho posesorio.

Asimismo, se advierte que el instituto glosado ("interversión"), además de faltar al rigor normativo y lógico, es contrafáctico; es decir, mientras el mero tenedor permanezca en su especial detentación material, bajo su particular estado subjetivo (*animus tenendi*) y sujeto al vínculo contractual que le confirió la respectiva tenencia (título sin vocación traslaticia), resulta inane, por decir lo menos, concebir que el solo paso del tiempo podría obrar la mutación de su calidad a su poseedor.

Siendo así, la pretendida interversión de la mera tenencia en posesión remite a un fenómeno diverso, a saber: **la efectiva cesación de la simple tenencia y el inicio, claro e inequívoco, de los actos posesorios**. Así pues, la mera tenencia no se transforma en posesión; por el contrario, el mero tenedor abandona su calidad y se postula como dueño presunto, ejerciendo actos constitutivos de pleno señorío, asumiendo un estado subjetivo diverso y descociendo, de manera abierta y frontal, al respectivo titular del derecho real.

Este entendimiento, justamente, debe orientar la lectura del numeral 3 del artículo 2531 CC[9]. La norma, que ha servido a un sector de la doctrina para ofrecer un fundamento normativo a la mentada "interversión", no hace más que insistir en la necesidad de la previa posesión como fundamento de la prescripción. En otras palabras, leída la referida disposición con el debido rigor técnico, puede inferirse que la mera tenencia, mientras lo sea, no puede servir de fundamento a la prescripción adquisitiva, salvo que el mero tenedor, de manera radical y definitiva, abandone tal calidad y despliegue actos que revelen su intención de señorío, por el tiempo de ley (10 años, cuando menos), y de forma pública, pacífica e ininterrumpida; condiciones que establece el canon referido, no para autorizar la "interversión" del título, sino para habilitarle la vía de la usucapión a quien se ha despojado de la mera tenencia y ha emprendido el sendero de la

---

cluye la posesión" (CSJ, SC del 30 de julio de 2010, Rad. n.° 2005-00154-01). Con posterioridad, la Corte ha reiterado dicho criterio, entre otras, en las sentencias SC 7004 del 5 de junio de 2014 (Rad. n.° 2004-00209-01), SC-16993 del 12 de diciembre de 2014 (Rad. n.° 2010-00166-01) y SC 10825 del 8 de agosto de 2016 (Rad. n.° 2011-00213-01).

9 El dominio de cosas comerciables, que no ha sido adquirido por la prescripción ordinaria, puede serlo por la extraordinaria, bajo las reglas que van a expresarse:

1a. Para la prescripción extraordinaria no es necesario título alguno.

2a. Se presume en ella de derecho la buena fe sin embargo de la falta de un título adquisitivo de dominio.

3a. Pero la existencia de un título de mera tenencia, hará presumir mala fe, y no dará lugar a la prescripción, a menos de concurrir estas dos circunstancias: 1a.) Que el que se pretende dueño no pueda probar que en los últimos diez (10) años se haya reconocido expresa o tácitamente su dominio por el que alega la prescripción.

2a.) Que el que alegue la prescripción pruebe haber poseído sin violencia clandestinidad, ni interrupción por el mismo espacio de tiempo.

posesión. **Por lo tanto, en estricto sentido, la norma no se refiere al mero tenedor, sino al poseedor que, abandonando su calidad de tal, ha estructurado una posesión efectiva y material con suficiente aptitud para adquirir el derecho real por la vía de la usucapión[10].**

5. LA POSESIÓN: APROXIMACIÓN CONCEPTUAL

El artículo 762 del Código Civil Colombiano establece:

> "La posesión es la tenencia de una cosa determinada con ánimo de señor o dueño, sea que el dueño o el que se da por tal, tenga la cosa por sí mismo, o por otra persona que la tenga en lugar y a nombre de él.
>
> El poseedor es reputado dueño, mientras otra persona no justifique serlo".

De conformidad con el precepto normativo, la posesión bien puede asumirse como una tenencia cualificada, es decir, consiste en la tenencia de un bien corporal, mueble o inmueble, acompañada del ánimo de señorío.

Ahora bien, aquella tenencia cualificada mantiene evidentes relaciones con el derecho de propiedad, como lo sugiere el artículo en referencia. Así, la posesión, en algunos casos, aparece como el efectivo ejercicio de las facultades materiales que confiere el derecho real de dominio, es decir, se presenta como la efectiva concreción de las facultades de uso y goce. En este evento, como lo induce la norma en comento, la posesión se une al derecho de propiedad o, en otras palabras, se está en presencia de la posesión del dueño: aquella que es consecuencia de la actualización de las facultades materiales conferidas por el respectivo poder jurídico.

Sin embargo, en otros eventos, la posesión no está unida al derecho real de propiedad, es decir, no es el resultado del efectivo ejercicio de las facultades materiales que confiere aquel poder jurídico. En ese sentido, el poseedor no es titular del respectivo derecho; por el contrario, ejerce la posesión con la finalidad de adquirir el dominio de la cosa, cumplido el tiempo de ley, por vía de la prescripción adquisitiva (usucapión) ordinaria o extraordinaria. En este caso, por lo tanto, se está en presencia de la posesión de quien no es dueño, pero que, reunidas las diferentes condiciones de ley, aspira a serlo.

De ambas situaciones expuestas (posesión con dominio y posesión sin dominio), bien puede inferirse que, en el primer caso, el poseedor (dueño) no ejerce la posesión para adquirir el respectivo derecho real de dominio, antes bien, su posesión se encamina

10 En ese sentido, ver aclaración de voto a la sentencia: SC-4826 de 2021. Corte Suprema de Justicia. Sala de Casación Civil. M.P. Wilson Aroldo Quiroz Monsalvo.

a confirmar la titularidad que ejerce sobre el bien corporal[11]; en otras palabras, la posesión es el reflejo del efectivo ejercicio de las facultades que el derecho concede a su titular.

Por el contrario, en el segundo evento (poseedor no dueño), el interesado ejerce la posesión con ánimo de señorío, esto es, comportándose como si fuese el dueño, con la finalidad de radicar, a futuro, la titularidad del respectivo derecho real en su patrimonio. En ese sentido, su posesión no es confirmatoria, sino antecesora del modo adquisitivo que le permitirá incorporar el derecho real en su haber patrimonial: la usucapión o prescripción adquisitiva.

Todo lo expresado, aunque cierto, merece una precisión adicional: la posesión no es sólo antecedente necesario (sumado al tiempo) para adquirir el derecho real de dominio[12]; de igual manera, pueden adquirirse por vía de la usucapión derechos reales diferentes al derecho de propiedad, tal el caso de los derechos reales de usufructo (art. 825-4 CC), de uso y habitación (art. 871 CC), de servidumbre (art. 939-2 CC) y de herencia[13].

---

11 No obstante lo dicho, la Sala de Casación Civil de la Corte Suprema de Justicia, mediante sentencia del 3 de julio de 1979, con ponencia del magistrado Germán Giraldo Zuluaga, sostuvo: "En pos de lograr su misión unificadora de la jurisprudencia nacional, la Corte precisa que siendo la usucapión ordinaria o extraordinaria el medio más adecuado para sanear los títulos sobre inmuebles, nada se opone a que el dueño de un predio, quien tiene sobre él título de dominio debidamente registrado, demande luego, con apoyo en el artículo 413 del Código de Procedimiento Civil que se haga en su favor la declaración de pertenencia sobre el bien respectivo, pues logrando sentencia favorable no solo afirma con solidez su título de dominio, obteniendo la mejor prueba que de él existe, sino que así alcanza la limpieza de los posibles vicios que su primitivo título ostentara y termina con las expectativas y con los derechos que terceros tuvieran sobre el bien". Providencia citada por: BEJARANO GUZMAN, Ramiro. Procesos declarativos, arbitrales y ejecutivos. Sexta Edición. Bogotá: Temis, 2016. P. 57.

12 De allí la consideración de la prescripción adquisitiva como un supuesto de hecho complejo, es decir, como un supuesto normativo que resulta de la conjunción de un acto jurídico (en sentido estricto) lícito, con evidente relevancia jurídica: la posesión; aunado a un hecho jurídico en sentido estricto (natural): el tiempo necesario para usucapir.

13 Sobre la adquisición del derecho real de herencia por vía de la usucapión, ha sostenido la jurisprudencia de la sala de casación civil de la Corte Suprema de Justicia: "(...) Luego, para analizar si un derecho hereditario se ha extinguido o no por prescripción, primero hay que averiguar si un tercero lo ha adquirido por prescripción o no, para luego establecer la secuela correspondiente a la prescripción extintiva, o supervivencia de dicho derecho. (...) Luego, solamente en el momento en que este tercero adquiere por prescripción extraordinaria u ordinaria el derecho hereditario, simultánea y correlativamente también se extingue por prescripción el derecho hereditario y la acción que correspondía al anterior y verdadero heredero". Contrario sensu, mientras esto no ocurra, el heredero podrá reclamar su derecho hereditario mediante la acción de petición de herencia.
De conformidad con lo anterior, quien en su calidad de demandado en esta acción esgrima en su defensa la prescripción adquisitiva del derecho de herencia, debe establecer plenamente en el proceso que ha estado ocupando la herencia durante el tiempo exigido por la ley para que opere la prescripción extintiva del derecho del demandante, y así lo ha sostenido la Corte de vieja data cuando dijo: "Por lo demás, quien como demandado en petición de herencia pretende que ha prescrito, debe establecer que con el

Finalmente, a modo de glosa conclusiva en torno a la definición de la posesión, no está de más resaltar que la norma trascrita comprende el ejercicio de la posesión, bien directamente por el interesado (trátese del dueño o del simple poseedor), o bien, por un tercero que la tenga en lugar y a nombre suyo. Este hecho, de suma importancia, permite hacer dos valoraciones:

a. La posesión no puede asimilarse con el acto de aprehensión física de una cosa, pues, como bien lo sugiere la norma, es posible que el poseedor, aunque desprovisto de la tenencia del bien, aún conserve su calidad de tal por la mediación de un tercero que ejerce los actos posesorios bajo sus precisas instrucciones. En ese orden ideas, antes que un poder físico sobre la cosa, la posesión es un poder de incidencia sobre la misma (un poder de disposición), bien a título personal o bien por la intervención de un agente suyo que lo representa en la ejecución material de los múltiples actos de señorío.

b. No obstante lo anterior, la posesión, como lo da a entender de forma imprecisa la norma en comento, no puede ser ejercida "por otro" o "a nombre de otro". La posesión, por tratarse de un hecho, es eminentemente personalísima. Debe entenderse entonces que no existe posesión "por otro", sino tenencia a favor de un poseedor que, conservando su ánimo de señorío, despliega los actos materiales por mediación de un tercero (mero tenedor) que reconoce en su mandante la voluntad posesoria y, por lo tanto, la firme intención de adquirir el derecho real

susodicho carácter de heredero ha ocupado la herencia durante el tiempo previsto por la ley. Como es obvio, no le basta demostrar la fecha real o presunta del deceso del causante para que desde allí empezara a contarse el término extintivo, sino que le es indispensable probar en concreto el título de heredero con que entrara cierto día a poseer la herencia, a fin de que por este punto de partida el transcurso del tiempo haga indiscutible su situación de hecho". Corte Suprema de Justicia. Sala de Casación Civil. Sentencia del 27 de marzo de 2001. M.P. Jorge Santos Ballesteros. No obstante lo expresado, debe admitirse, en estricto rigor jurídico, que el objeto de posesión no lo constituye el derecho hereditario, sino el conjunto de bienes corporales que integran la masa herencial. En ese sentido, ejerciendo posesión material sobre los bienes referidos, el tercero (poseedor) podrá pretender la prescripción adquisitiva, ordinaria o extraordinaria, del derecho de propiedad sobre los mismos. Lo anterior se comprende si se reconoce la impropiedad de la expresión "posesión de la herencia". Con ella, técnicamente, se alude a la adquisición de derechos hereditarios por quienes tienen vocación para su ejercicio, es decir, por parte de los herederos, quienes, por ministerio legal, son llamados a continuar la personalidad del causante y, en esa medida, a aceptar o a repudiar las asignaciones que les conciernen por disposición legal o testamentaria (delación, art. 1013 CC). De otro lado, no está de más precisarlo, la posesión sólo tiene por objeto bienes corporales y, en tal sentido, resulta un despropósito aludir a la posesión del derecho de herencia, pues, como se indicó, se posee materialmente el bien hereditario con la finalidad de usucapirlo y, en consecuencia, de evitar su adjudicación dentro del proceso de sucesión.

por el modo de la usucapión[14]. A propósito de tal figura, comentó Don Andrés Bello en la exposición de motivos del Código Civil chileno:

"El que a nombre ajeno posee, no es más que un **representante** del verdadero poseedor, ni inviste más que la **simple tenencia**"[15].

6. NATURALEZA DE LA POSESIÓN[16]

Han sido amplísimas las discusiones en torno a la naturaleza jurídica de la posesión. Justamente, como bien observa el Dr. Valencia Zea, la "circunstancia de que los *poderes*

14 En legislaciones como la argentina, se le reconoce al tercero que actúa por cuenta de un poseedor, la calidad de servidor o representante de la posesión. En ese sentido, el tercero no ejerce la posesión "por otro"; por el contrario, ejerce la simple tenencia de un bien, sirviendo a los intereses del poseedor interesado. Al respecto, establecen los artículos 1909, 1910 y 1911 del Código Civil y Comercial de Argentina:
ARTICULO 1909.- Posesión. Hay posesión cuando una persona, **por sí o por medio de otra**, ejerce un poder de hecho sobre una cosa, comportándose como titular de un derecho real, lo sea o no.
ARTICULO 1910.- Tenencia. Hay tenencia cuando una persona, por sí o por medio de otra, ejerce un poder de hecho sobre una cosa, y se comporta como **representante del poseedor.**
ARTICULO 1911.- Presunción de poseedor o servidor de la posesión. Se presume, a menos que exista prueba en contrario, que es poseedor quien ejerce un poder de hecho sobre una cosa. Quien utiliza una cosa en virtud de una relación de dependencia, servicio, hospedaje u hospitalidad, se llama, en este Código, **servidor de la posesión.** No con la misma técnica, pero queriendo denotar el mismo fenómeno, dispuso el artículo 775 del Código Civil Colombiano: "Se llama mera tenencia la que se ejerce sobre una cosa, no como dueño, sino en lugar o **a nombre del dueño**. El acreedor prendario, el secuestre, el usufructuario, el usuario, el que tiene derecho de habitación, **son meros tenedores** de la cosa empeñada, secuestrada o cuyo usufructo, uso o habitación les pertenece. Lo dicho se aplica generalmente a todo el que tiene una cosa reconociendo dominio ajeno". Y, en el mismo sentido, establece el artículo 781 ibídem: "Posesión puede tomarse no sólo por el que trata de adquirirla para sí, **sino por su mandatario, o por sus representantes legales**".
En el mismo sentido, se expresa el §854 del Código Civil Alemán (BGB): "**Servidor de la posesión.** Si alguien ejerce el poder de hecho sobre una cosa por otro, en la vivienda o negocio de éste, o en una relación semejante, en virtud de la cual debe seguir las instrucciones de este último referentes a la cosa, **sólo ese otro es poseedor**".

15 BELLO, Andrés. Exposición de motivos del Código Civil. En: Obras Completas, Caracas, 1969. En términos de Savigny, el que simplemente administra la posesión en servicio de otro, se le llama "apoderado". SAVIGNY, Friedrich Karl von. Tratado de la posesión. Madrid: Imprenta de la sociedad literaria y tipográfica, 1845. p. 69.

16 Se ha tornado en lugar común, para los teóricos del derecho, estudiar la "naturaleza jurídica" de las diferentes instituciones que examinan. La fuerza de tal costumbre ha crecido de manera proporcional al desconocimiento del sentido específico de la expresión empleada. Es decir, si bien los jurista aluden continuamente a la "naturaleza jurídica" en sus escritos y reflexiones, también es cierto que se desconoce, con precisión, aquello que se pretende analizar. El presente trabajo, por no tratarse de una investigación iusfilosófica, no hace más que emplear aquella expresión "difusa" para significar la esencia o las propiedades basilares de la institución analizada. Para una crítica en tal sentido, ver: ES-

de hecho sobre las cosas puedan adquirir autonomía frente al respectivo poder jurídico y de que, además dichos poderes estén en sí dotados de efectos jurídicos, ha llevado a los juristas a preguntarse qué figura es la *relación posesoria*, dentro de un conjunto o categorías jurídicas que integran la *técnica jurídica* de un sistema de derecho. ¿Es la posesión un simple *hecho*? ¿Es la posesión un derecho real? ¿Es un simple derecho personal? ¿Es un derecho *sui generis*? ¿Constituye una relación jurídica? He aquí interrogantes que han tenido la virtud de apasionar a todos los juristas y de dar origen a muy distintas opiniones"[17].

6.1. Concepciones clásicas

Así pues, sin pretender abarcar la densidad de un debate que ha generado múltiples reflexiones, es posible reunir aquella pluralidad de ideas en las siguientes concepciones que han enriquecido el análisis doctrinal:

6.1.1. La posesión como derecho real provisional

En nuestro medio, es idea que sostienen, entre otros, el profesor Arturo Valencia Zea, quien, retomando la concepción de Hahn[18], estima que la posesión es un derecho real, pero provisional. Para Valencia Zea, el hecho de que todos los derechos estén protegidos por acciones, sumado al hecho de que la posesión se proteja mediante acciones posesorias, permite concluir, forzosamente, que la posesión es un derecho. Ahora, como se ejerce sobre una cosa, es un derecho real, pero, a diferencia del derecho real de dominio, es un derecho **real provisional**, en dos sentidos: i) porque puede perderse en el evento en que otra persona acredite un mejor derecho de poseer, tal el caso del dueño), o bien, ii) porque es posible que, reunidas las condiciones de ley, se consolide en el

---

TÉVEZ, José Lois. Sobre el concepto de "naturaleza jurídica". En: Anuario de Filosofía del Derecho. ISSN 0518-0872, Nº 4, 1956, págs. 159-182.

17 VALENCIA ZEA, Arturo. La posesión. Tercera Edición. Bogotá: Temis, 1983. P. 180.

18 En palabras de Mauricio Rengifo Gardeazábal: "La teoría de la posesión como derecho real provisional es la más antigua de todas. Se remonta a los trabajos de Hahn sobre los derechos reales. Baldo sostenía que sólo habían cuatro derechos reales: la propiedad, las servidumbres, la prenda y la herencia. Hahn propuso aumentar la lista a cinco, agregando la posesión. Su teoría alcanzó gran notoriedad entre los más importantes juristas de su tiempo, de suerte que durante los siglos diecisiete y dieciocho se aceptó que los jus in rem eran: la propiedad, las servidumbres (personales y prediales), la prenda (pignus e hipoteca), la herencia y la posesión. ¿Qué argumentos sustentan esta posición? Desde el punto de vista conceptual, la teoría estaba fundada en una comparación directa con la propiedad". RENGIFO GARDEAZÁBAL, Mauricio. Teoría General de la Propiedad. Bogotá: Uniandes-Temis, 2011. p. 164-165.

derecho real definitivo por vía de la prescripción adquisitiva ordinaria o extraordinaria. En sus palabras:

> "Los derechos sobre cosas que pueden hacerse valer con acciones reales, son los derechos reales. La posesión es un *poder de hecho* que se ejerce sobre cosas y que se encuentra protegida con verdaderas acciones reales (las acciones posesorias). Desde tal punto de vista, es un hecho cierto que la posesión es un derecho real.
>
> Pero existe una gran diferencia entre la propiedad y la posesión. La primera constituye un poder jurídico definitivo; la posesión, un poder de hecho provisional; provisional en el sentido de que puede caer frente a la acción que se deriva de la propiedad. De ahí que la doctrina actual predique (en forma bastante unánime) que la posesión es un *derecho real provisional*[19].

En esa misma línea de argumentación, expresa Ternera:

> "La posesión puede oponerse a la titularidad del derecho real. Identificamos, pues, dos titulares de dos derechos reales diferentes: el poseedor del bien corporal y su propietario. El poseedor, aunque no es el titular del derecho de dominio, ejerce de manera autónoma y soberana los poderes de la propiedad: uso, goce y disposición (*possessio ad imaginem dominii redacta est*)"[20].
>
> En fin, la tesis de la posesión como derecho real provisional, la más antigua de todas, puede resumirse en las siguientes líneas:
>
> "Puesto que la posesión se parece en casi todos los aspectos a la propiedad, excepto en su duración, se sigue que la posesión es un derecho real provisional. No es posible concluir que la posesión es una propiedad provisional, porque la perpetuidad es un elemento esencial en la definición de propiedad. En cambio, se sigue la conclusión de que es un derecho real provisional, dado que la perpetuidad no es un elemento esencial en la definición de los derechos reales (hay derechos reales temporales como la herencia o las servidumbres personales). Como corolario de esta conclusión, se ha interpretado que los interdictos posesorios son reivindicaciones provisionales y preparatorias de un litigio futuro y definitivo sobre las cosas"[21].

6.1.2. La posesión como hecho-derecho (personal)

Es idea que se debe Friedrich Karl Von Savigny, quien, es preciso indicarlo, sostuvo la equivocidad de la teoría de la posesión como derecho real provisional. En su concepto:

> "Hay también un error mucho más grave que todos los que hemos manifestado con relación a la naturaleza de la posesión; este error ha entrado por tan poco en estas controversias, que los autores de todos los partidos han incurrido en él. No se ha considerado la posesión como un derecho particular, sino como una propiedad provisional; no

19 VALENCIA ZEA, La posesión..., Op. Cit. P. 186.

20 TERNERA, Francisco. Derechos reales. Cuarta edición. Bogotá: Temis, 2015. P. 279. En el mismo sentido, OCHOA CARVAJAL, Raúl Humberto. Bienes. Sexta Edición. Bogotá: Temis, 2006. P. 163.

21 RENGIFO GARDEAZÁBAL, Teoría General..., Óp. Cit. p. 166.

> se ha visto en los interdictos más que reivindicaciones provisionales, introducidas con el único objeto de arreglar el procedimiento relativo a la propiedad (...). Nos limitaremos a citar los pasajes siguientes, que deben tener aquí su lugar, porque se refieren a la naturaleza misma de la posesión: *nec possessio et proprietas misceri debent*, y, *nihil comune habet proprietas cum possessione*. Que se quiere expresar en estos pasajes otra cosa más que la verdad trivial de que no debe confundirse la posesión con la propiedad (...)"[22].

Así pues, para Savigny, la posesión no debe concebirse como un derecho real provisional; en su sentir, la posesión es un hecho del que se derivan consecuencias de derecho (posesión física). En este sentido, la posesión constituye un poder material (poder físico: tenencia) que se ejerce sobre una cosa.

Al lado de esa consideración de la posesión como hecho, no debe pasarse por alto que también se debe a Savigny la calificación de la posesión como derecho personal (posesión jurídica)[23]. Recuérdese su clásica distinción en cuanto a la naturaleza de la posesión considerada en sí misma y considerada en sus efectos. En el primer caso, estimó que la posesión es un hecho más; pero, en el segundo, observó, bajo la premisa de que los interdictos posesorios pertenecían a la teoría de las obligaciones, que la posesión constituye un derecho personal, es decir, siendo la posesión un presupuesto necesario para el ejercicio de los interdictos, aquellos no hacen más que conceder un derecho (personal) al poseedor para valerse de aquella protección cuando resulte afectada su actividad posesoria (*ius possessionis*)[24]. En sus palabras:

> "No nos será difícil ahora resolver dos cuestiones sobre las cuales han estado mucho tiempo divididos los pareceres: la *primera* es, saber si debe atribuirse a la posesión el carácter de derecho o de hecho; la *segunda* es determinar a qué clase de derechos pertenece si efectivamente lo es.
>
> En cuanto a la primera no se negará que la posesión en sí misma y según la naturaleza primitiva no es más que un hecho: es igualmente indudable que produce ciertos efectos legales. Es, pues, al mismo tiempo hecho y derecho, y este doble carácter es de grande importancia para el desenvolvimiento de la teoría.

---

22 SAVIGNY, Tratado de la posesión..., Op. Cit. P. 24. Sobre el error de asumir los interdictos posesorios como reivindicaciones provisorias, ver: Ibíd. P. 198 y siguientes.

23 Recuérdese que Savigny estudió la posesión a partir de dos enfoques: el material (*ius possidendi*) y el formal (*ius possessionis*). "La posesión en su aspecto material es un hecho. Prueba de ello está en que la posesión se puede adquirir y perder mediante la violencia, nada más opuesto a un acto jurídico (...). Pero en su aspecto formal es un derecho, pues produce dos efectos jurídicos concurrentes o alternativos: la usucapión y los interdictos". RENGIFO GARDEAZÁBAL, Teoría General..., Óp. Cit. p. 177.

24 Cfr. VALENCIA ZEA, La posesión..., Op. Cit. P. 181.

No siendo la posesión primitivamente más que un hecho, su existencia es independiente de todas las reglas que el derecho civil y aun el *ius gentium* han establecido relativamente a la adquisición o pérdida de los derechos"[25].

Y más adelante, expresa:

"Pero todo esto está ligado de una manera más íntima con la doble naturaleza de la posesión que hemos explicado más arriba. La *posesión es un hecho* en tanto que no se funda sino en una relación puramente de hecho, no jurídica (la detentación), y por eso en tales casos la venta y el arrendamiento no tienen la menor influencia en la adquisición de la posesión. La *posesión es un derecho* cuando hay derechos combinados con la sola existencia de esta relación puramente de hecho, y por esto considerándola como objeto de la venta y de otros contratos, estos obligan y son tan válidos como si tuvieran por objeto la propiedad"[26].

Ahora bien, en los eventos en los que la posesión asume la naturaleza de un derecho, Savigny se propone identificar la naturaleza de ese poder jurídico, así:

"Hemos preguntado en segundo lugar: ¿a qué clase de derechos pertenece la posesión?

Probaremos que la posesión pertenece al *derecho de las obligaciones* cuya definición suponemos exactamente establecida en derecho romano: así pues, el que divide la totalidad de los derechos de una persona en derecho de cosas y en derecho de obligaciones, se ve precisado a separar la posesión del derecho de las cosas: el que rechaza esta división, debe sin embargo asignar al derecho de obligaciones un lugar particular que determine al mismo tiempo la posesión.

(...)

El derecho de los interdictos posesorios pertenece a las obligaciones por la sola razón de que generalmente todos los interdictos forman parte de ellas"[27].

(...)

"Así el derecho de los interdictos posesorios pertenece al derecho de las obligaciones y no se ocupa de la posesión sino en tanto que comprende la existencia de los interdictos. El derecho de posesión (*ius possessionis*), es decir, el derecho que nos da la posesión por sí misma, consiste pues únicamente en que el poseedor pueda recurrir a los interdictos tan pronto como se introduce en su posesión una alteración de cierta especie. Prescindiendo de esta alteración, la simple posesión no da ningún derecho, ni derecho ni obligación, como es evidente, ni derecho a la cosa; porque ningún acto dirigido sobre una cosa debe ser mantenido como legal solo por la razón de que la parte agente tenía la posesión de la cosa"[28].

---

25 SAVIGNY, Tratado de la posesión..., Op. Cit. P. 17.

26 Ibíd. P. 19.

27 Ibíd. P. 20.

28 Ibíd. P. 21-22.

6.1.3. La posesión como interés jurídico

Es idea que se debe a Rudolf Von Ihering. Para Ihering la posesión es un auténtico derecho en la medida en que constituye un interés jurídicamente protegido. En este sentido, la protección legal de la posesión confirma que no es un hecho sino un derecho. Por lo tanto, para Ihering, sólo los derechos son susceptibles de protección mediante acciones. Al protegerse la posesión de tal manera, debe necesariamente considerarse un interés jurídicamente protegido, es decir, un derecho. En sus palabras:

> "La posesión nace puramente de hecho, sin presuponer un derecho. ¿Cómo pues, ha de ser un derecho? El poseedor que no tiene otra cualidad sucumbe contra el propietario reivindicante; prueba que la posesión no es más que un puro hecho que desaparece ante el derecho. En realidad, sin embargo, eso no demuestra que la posesión no sea un derecho, sino que constituye un derecho de una especie particular, diferente por su naturaleza de todos los demás"[29].
>
> (...)
>
> "Para juzgar si la posesión es un derecho o un hecho, me fundo en la definición del derecho que he expuesto en otro lugar con gran detenimiento. Los derechos son los intereses jurídicamente protegidos"[30].
>
> (...)
>
> Si se parte de esta definición (...), no puede haber la menor duda de que es necesario reconocer el carácter de *derecho* a la posesión. Hemos expuesto (...) el interés que implica la posesión: constituye la condición de la utilización económica de la cosa. (...) A este elemento sustancial de toda noción jurídica, el derecho añade en la posesión un elemento formal: la protección jurídica, y de este modo concurren todas las condiciones jurídicas de un derecho. Si la posesión como tal no estuviese *protegida*, no constituiría, en verdad, más que una relación de puro hecho sobre la cosa; pero desde el momento en que es protegida, reviste el carácter de *relación jurídica*, lo que vale tanto como *derecho*[31].

Esta idea de la posesión como derecho, en la tesis de Ihering, se explica por la correlación entre propiedad y posesión. Para Ihering "la posesión es la **exterioridad** de la propiedad y de los derechos reales. La legislación civil protege esta exterioridad como complemento de la protección a la propiedad (y los derechos reales). Antes que se decida en derecho, se debate el interés que las partes han manifestado en la cosa. Como la posesión es la **manifestación externa de un interés en ejercer la propiedad** y esta manifestación varía según el tipo de cosa que se trate, se sigue que el uso normal de la cosa (según su destino social y económico) prueba la adquisición de la posesión y el uso

29 IHERING, Rudolf von. Tres estudios Jurídicos. Buenos Aires: Atalaya, 1947. P. 121.

30 Ibíd. P. 122.

31 Ibíd. P. 125.

anormal prueba su pérdida. El uso normal de la cosa interesa al titular de un derecho real, mientras que el uso anormal autoriza la inferencia contraria. Ihering llama a esta inferencia la *visibilidad de la propiedad*"[32]. En ese sentido, observó Ihering:

> "La posesión de la cosas es la exterioridad de la propiedad. Sólo esta noción puede expresar cómo la posesión y la propiedad se cubren mutuamente, según lo quiere el interés del comercio. Concebida así la posesión, acompaña siempre a la utilización económica de la propiedad y el propietario no tiene que temer que el derecho le abandone mientras use la cosa de una manera conforme a su destino"[33].

6.1.4. La posesión como derecho fundamental de contenido económico y social

Es idea que se debe a la Corte Constitucional Colombiana. Esta alta corporación, mediante sentencia T-494 de 1992, le reconoció a la posesión, en estrecha conexidad con el derecho de propiedad, el carácter de derecho fundamental de especial contenido económico y social. Sostuvo en aquella ocasión:

> "Ciertamente en un país con los problemas estructurales de pobreza y subdesarrollo, como Colombia, la justicia a nivel de utilización racional de sus recursos económicos y la función social de los mismos hacen imperativo su ingreso o incorporación efectiva a la economía nacional. Por su naturaleza y alcance, una de las vías más eficaces para lograrlo es, precisamente, el estímulo y protección a formas concretas de posesión material económica, como instrumento privilegiado de acceso a la propiedad.
>
> De consiguiente, la posesión resulta ser un poder de hecho jurídicamente relevante que por su naturaleza puede ser instrumento efectivo para la adquisición de la propiedad y como tal guarda con este último derecho una conexidad de efectos sociales muy saludables que no pueden ignorarse, especialmente en el ámbito del Estado social de derecho, cuyas consecuencias y características esta Corte ha tenido ya ocasión de señalar en algunos de sus recientes pronunciamientos.
>
> Por todo lo anterior, no es infundado afirmar que en la actual coyuntura colombiana **la posesión es un derecho fundamental**. En efecto, tiene, como ya se señaló, conexión íntima con el derecho de propiedad, la cual constituye en opinión de esta Corte uno de los criterios específicos para la determinación de esa categoría jurídica abierta que es el derecho constitucional fundamental.

---

32 RENGIFO GARDEAZÁBAL, Teoría General..., Óp. Cit., p. 225.

33 IHERING, Rudolf von. Teoría de la posesión. El fundamento de la protección posesoria. Madrid: Imprenta de la Revista de la Legislación, 1892. p. 190-191. En el mismo sentido, es decir, en referencia a la idea de correlación entre propiedad y posesión, sostuvo Ihering: "Para establecer la correlación extensiva de la propiedad y de la posesión son precisas dos condiciones: a) La prueba de la posesión no va más allá de la propiedad: -**allí donde no hay propiedad, no hay posesión**. b) La prueba de la misma se extiende precisamente tanto como la propiedad:—**allí donde puede haber propiedad puede haber también posesión**". Ibíd. P. 149.

Además, la ontología y especificidad de la relación posesoria y sus consecuencias económicas y sociales son de tal relevancia en el seno de la comunidad y para el logro de sus altos fines, que esta Corte reconoce que la posesión tiene, igualmente, entidad autónoma de tales características y relevancia que ella es hoy, por sí sola, con todas sus consecuencias, un derecho constitucional fundamental de carácter económico y social"[34].

6.1.5. La posesión a partir de la teoría lógico-realista[35]

Esta propuesta es desarrollada por el profesor Mauricio Rengifo. Su tesis se estructura sobre una diferencia medular: el derecho a la posesión, el ejercicio de la posesión y los derechos del poseedor. En tal sentido, expresa:

> "Se dice que los ciudadanos tienen un "derecho a la posesión" para dar a entender que las autoridades conceden permiso para poseer ciertas cosas corporales al tiempo que prohíben la posesión sobre otras (...). El "ejercicio de la posesión" consiste en el goce efectivo de la facultad concedida por las autoridades para poseer. Ejercer la posesión es situar la cosa corporal en condiciones favorables para usarla o explotarla. La expresión "ejercicio de la posesión" es sinónima de "posesión material" (...). Finalmente, la palabra *posesión* quiere decir "derechos del poseedor" y es sinónima de "posesión formal" o "derechos posesorios". La posesión, entendida como "derechos del poseedor", se puede entender ahora como *potestad* (o *competencia*) para ejercer ciertos actos, como imponer un interdicto de conservación o de recuperación, solicitar indemnización de perjuicio por perturbaciones a la posesión o ganar la propiedad por prescripción"[36].

Desde ese enfoque, el autor estima que la posesión, dada la ambigüedad del término, puede revestir diferente naturaleza. Por lo tanto, si se asume la posesión como el "derecho a poseer", ésta adquiere la condición de derecho real, "ya que a cada ciudadano se le concede la *facultad* de poseer frente a un grupo indeterminado de personas"[37]. Por su parte, definiéndose la posesión desde su ejercicio o a partir de su aspecto material, adquiere una condición fáctica, "pues todo ejercicio de un derecho es un hecho"[38]. Finalmente, confundiéndose la posesión con los derechos del poseedor, ésta se postularía como "un conjunto de derechos pero de carácter personal, dado que la *potestad* para interponer interdictos o la *potestad* para solicitar la prescripción se instaura contra personas determinadas"[39]. En ese orden de ideas, la posesión, según el enfoque de estudio, puede consistir en hechos o derechos, reales o personales.

---

34 Corte Constitucional. Sentencia T. 494 de 1992. M.P. Ciro Angarita Barón. Expediente. 1909.

35 Para un estudio específico de los postulados de esta teoría, ver: RENGIFO GARDEAZÁBAL, Teoría General..., Óp. Cit., p. 238-243.

36 Ibíd. p. 235-236.

37 Ibíd. p. 237.

38 Ibíd.

39 Ibíd.

Si bien la propuesta esbozada representa un esfuerzo analítico por estudiar la posesión, también es cierto que adolece de imprecisiones. En primer lugar, no es técnico afirmar que la posesión constituye un derecho real cuando se asume como un "derecho a poseer". Bajo esa reflexión se estaría creando, por fuera de ley, un derecho real de naturaleza diferente a los expresamente consagrados en el ordenamiento jurídico (*numerus clausus*: en el artículo 665 CC o en normas especiales, cual el caso de los derechos de retención y de censo). Así pues, bajo los cánones de nuestro sistema jurídico, resulta excesivo pensar que existe un "derecho real de posesión" que puede ejercerse frente a un grupo indeterminado de personas.

En segundo lugar, afirmar que la posesión constituye un derecho personal cuando se define desde los "derechos del poseedor", es pretender identificar la naturaleza de la posesión, no desde el supuesto de hecho, sino en función del efecto jurídico. La posesión no varía su naturaleza por las consecuencias derivadas de la realización del supuesto normativo; en otras palabras, la naturaleza de la posesión no la determinan sus efectos, sino las condiciones específicas que identifican el supuesto jurídico que la consagra.

Así pues, habiendo identificado las imprecisiones que subyacen de asumir la posesión como un derecho, ya real o personal, es posible observar que la teoría lógico-realista, hilando delgado, no hace más que volver sobre la postura clásica de la doctrina mayoritaria: la de asumir la posesión desde su aspecto fáctico, es decir, reconociendo que la posesión material constituye un hecho.

6.2. CONCEPCIÓN PREVALENTE

La generalidad de la doctrina nacional[40], apelando a argumentos lógicos y normativos, ha considerado que resulta más ajustado calificar la posesión como un poder de hecho con apoyo en las siguientes razones[41]:

---

40 Véase JARAMILLO JARAMILLO, Fernando y RICO PUERTA, Luis Alonso. Bienes. Tomo I. De los derechos reales. Bogotá: Leyer, 2001. P. 365-366. GÓMEZ, José J. Derecho Civil. Bienes. Derechos Reales. Bogotá: Universidad Externado de Colombia, 1968. P. 374-375; ALESSANDRI RODRÍGUEZ, Arturo y SOMARRIVA UNDURRAGA, Manuel. Los bienes y los derechos reales. Chile: Editorial Nascimento, 1974. p. 442; VELÁSQUEZ JARAMILLO, Luis Guillermo. Bienes. Duodécima edición. Bogotá: Temis, 2010. P. 147; PEÑA QUIÑONES, ERNESTO y PEÑA RODRÍGUEZ, Gabriel Ernesto. El derecho de bienes. Segunda Edición. Bogotá: Legis, 2006. P. 316.

41 Superando la calificación de la posesión como un hecho, observa, con lúcidas y sugestivas palabras, el Prof. Fracesco Messineo: "...la posesión nace como una relación de hecho; pero apenas nacida, se convierte en una **relación de derecho** (aunque sea temporalmente), en cuanto inmediatamente produce efectos jurídicos. [Por lo tanto], no vale la afirmación de que la posesión sea una simple relación de hecho, la consideración de que se origina en un hecho, por cuanto todo derecho subjetivo tiene siempre un substrato de hecho, y no por eso deja de ser un derecho subjetivo". MESSINEO,

- El artículo 665-2 CC no califica la posesión como un derecho real. Si bien es cierto que existen otros derechos que, a pesar de no estar consagrados en el citado artículo, tienen la calidad de derechos reales, como el censo o la retención, también es cierto que se trata de un argumento que fortalece la conclusión sobre la naturaleza fáctica de la posesión, siempre que se valore en conjunto con los demás.
- Si fuese considerada un derecho y, concretamente, un derecho real, no podría explicarse lógicamente la coexistencia de dos derechos reales, el de propiedad y el de posesión, sobre la misma cosa y con similares facultades. Ambos, por su idéntica naturaleza, se excluirían entre sí.
- Considerándose la posesión como un derecho –real- carecería de todo sentido práctico y jurídico la presunción consagrada en el artículo 762 CC; es decir, si al poseedor se le reputa dueño, no parece lógico atribuirle la titularidad de un derecho real similar al de dominio, pues, si lo tuviese, no hubiese sido necesaria aquella presunción de dominio que consagra la norma en referencia. Sobre el punto, explican con admirable claridad los profesores Jaramillo Jaramillo y Rico Puerta:

> "¿En verdad, si la posesión fuese un derecho, qué necesidad lógica tendría el legislador para presumir que lo es?
>
> Así las cosas, creemos que la posesión es un hecho que la ley reputa derecho, al presumir que el poseedor es dueño, mientras otra persona no justifique serlo.
>
> La ley parte pues del supuesto de que la posesión es un hecho y para efectos de protegerla. Comentando así la seguridad jurídica, reputa que es propiedad, es decir, que es un derecho real sujeto al mismo régimen general a que está sujeto el derecho real de propiedad, mientras no se desvirtúe la presunción por quien tenga interés en ello para hacer valer sus mejores derechos frente al poseedor"[42].

6.3 REVISIÓN CRÍTICA DE UN DEBATE TRADICIONAL

Se infiere de las concepciones expuestas, el que la naturaleza de la posesión ha sido un tema de abundante referencia. Pero, a pesar de los múltiples esfuerzos por establecer la esencia de la posesión, consideramos que el debate se torna infértil cuando se vuelca su explicación hacia la teoría de los hechos jurídicos, es decir, cuando se reconoce en la posesión un supuesto de hecho generador de consecuencias jurídicas[43].

Francesco. Manual de derecho civil y comercial. Vol. II. Buenos Aires: Ediciones Jurídicas Europa-América, 1979. p. 9.

42 JARAMILLO JARAMILLO, y RICO PUERTA, Bienes..., Op. Cit. p. 366.

43 Respecto de la inutilidad del debate sobre la naturaleza de la posesión, ha sostenido la doctrina especializada: "Hoy día la doctrina considera infecunda la antigua disputa sobre si la posesión es un estado de hecho o un derecho subjetivo, y resuelve la cuestión diciendo simplemente que la posesión

6.3.1. Ubicación de la posesión en la teoría de los hechos jurídicos (lectura interna del fenómeno posesorio)

Como es sabido, el derecho se postula como una forma de regulación de la vida social, es decir, como un conjunto de normas encaminadas a garantizar el orden y la estabilidad social, y tales normas, en su estructura clásica, describen supuestos de hecho al que se enlazan precisas consecuencias jurídicas.

En otras palabras, la norma jurídica describe conductas, hechos o acontecimientos con relevancia jurídica[44]; esto es, situaciones hipotéticas que, una vez verificadas, producen efectos jurídicos. Así pues, ese "conjunto de circunstancias, hechos y situaciones, de variada índole, positivos y negativos, simples y complejos, según los casos, constituye el *factum* o *supuesto de hecho* de la norma jurídica, y dentro de él se destacan con caracteres sobresalientes los hechos, o sea, las modificaciones del mundo material en cuanto forman parte de la previsión normativa"[45].

En esa medida, bien puede asumirse el derecho como un agregado de **hechos jurídicos**, es decir, de acontecimientos que, una vez realizados, "producen el nacimiento, la modificación o la extinción de relaciones jurídicas"[46].

Así pues, conforme a lo expresado, asúmase **el hecho jurídico como todo suceso, fenómeno o acontecimiento, natural o social, con relevancia jurídica**. Tal relevancia se explica en la imputación de precisas consecuencias jurídicas que se siguen a su efectiva realización[47]. En fin, un hecho adquiere juridicidad en razón de su consagración normativa.

---

es un estado de hecho protegido por el derecho". ALESSANDRI RODRÍGUEZ y SOMARRIVA UNDURRAGA, Los bienes..., Op. Cit. P. 442. En el mismo sentido, ver: GÓMEZ, José J. Derecho Civil. Bienes. Derechos reales. Bogotá: Universidad Externado de Colombia, 1968. P. 374.

44 El hecho jurídico es aquel "fenómeno de la experiencias natural o social que adquiere relevancia jurídica". BIGLIAZZI GERI, Lina, *et al.* Derecho Civil. Tomo I. Volumen 2. Hecho y actos jurídicos. Bogotá: Universidad Externado de Colombia, 1995. P. 564.

45 HINESTROSA, Fernando. Tratado de la obligaciones II. De las fuentes de las obligaciones. El negocio jurídico. Volumen I. Bogotá: Universidad Externado de Colombia, 2015. p. 92.

46 CARIOTA FERRARA, Luigi. El negocio jurídico. Madrid: Editorial Aguilar, 1956. P. 4-5. En concepto del citado autor, "hecho jurídico es todo hecho que determina el nacimiento, la modificación o la extinción de un *status*, de una situación o de una posición, de una cualidad de los sujetos, de un derecho subjetivo, de un poder jurídico o de una potestad jurídica". Ibíd. P. 4. En el mismo sentido, expresa Galgano: "En términos generales, se suele definir como hecho jurídico cualquier acontecimiento, natural o humano, a cuya verificación el ordenamiento jurídico liga cualquier efecto jurídico, constitutivo, modificativo o extintivo de relaciones jurídicas". GALGANO, Francesco. El negocio jurídico. Valencia: Tirant lo Blanch, 1992. P. 21.

47 "Cuando el *factum* se presenta, la norma vive y su consecuencia consiste en la constitución, la sustitución, el complemento o la extinción de un estado de cosas" (HINESTROSA, Fernando. *Tratado de las obligaciones. I. 2ª ed.* Bogotá: Universidad Externado de Colombia, 2003. P. 40).

Ahora bien, el hecho jurídico, desde el punto de vista dogmático, admite varias clasificaciones[48], a saber:

a. El hecho jurídico (en sentido amplio): Esta categoría, a su vez, se subdivide en el hecho jurídico en sentido estricto y el acto jurídico en sentido amplio. El primero, describe sucesos sin participación de conducta humana, es decir, acontecimientos puramente naturales (tal el caso del aluvión –art. 719 CC- o la avulsión –art. 722 CC- y los demás eventos de accesión inmobiliaria –arts. 724-726 CC)[49] o supuestos en los que, pese a intervenir la conducta humana, se estima irrelevante para la producción de efectos jurídicos (tal el caso de la muerte –arts. 1012 y 1013 CC-[50] o el nacimiento –art. 90 CC[51]). En fin, la conducta humana, en el hecho en sentido estricto, o es de imposible ocurrencia o, siendo posible, completamente intrascendente: en este caso, al ser superflua, el supuesto de hecho no la acoge como causa directa de la producción de efectos jurídicos, esto es, en el hecho jurídico en sentido estricto, antes que indagar por la causa del efecto, interesa el efecto mismo.

b. El acto jurídico (en sentido amplio): Por su parte, el acto jurídico, en sentido amplio, describe comportamientos humanos con relevancia jurídica, es decir, a diferencia del hecho jurídico en sentido estricto, en esta clase de supuestos (acto

48 La clasificación de los hechos jurídicos ha sido un tema de abundante desarrollo en la doctrina del derecho privado, razón por la cual se han esbozado diferentes criterios con el fin de ofrecer una precisa sistematización de los mismos. Para una lectura detallada de tales criterios, se sugiere: GERI, L. B., BRECCIA, U., BUSNELLI, F., & NATOLI, U. *Derecho Civil. Tomo I Volumen 2: Hechos y Actos Jurídicos.* Bogotá: Universidad Externado de Colombia, 1992. P: 569-573. De otro lado, para una clasificación tradicional de los hechos jurídicos, véase: GARIBOTTO, J. C. *Teoría General del Acto Jurídico.* Buenos Aires : Ediciones Depalma, 1991. P. 10-19. Las ideas que siguen, en lo general, son tomadas de previas reflexiones que el autor ha efectuado sobre la materia. Para el efecto, ver: GARCÍA RAMÍREZ, Julián. Ubicación del contrato en la teoría de los hechos jurídicos. En: GARCÍA RAMÍREZ, Julián. Teoría del contrato. Bogotá: Ibález, 2022. p. 35-64.

49 Se trata de acontecimientos eminentemente naturales. Por lo tanto, en tales eventos, la conducta no es irrelevante, es de imposible configuración.

50 La conducta humana es posible, pero es indiferente para la producción del efecto jurídico derivado de la "muerte" (como supuesto de hecho). En otras palabras, independientemente de la causa de la muerte, las consecuencias serán siempre las mismas, por ejemplo, apertura de la sucesión –art. 1012 CC- y delación (o llamado) a los herederos para que acepten o repudien la masa de bienes del causante –art. 1013 CC-. La pregunta por la causa de la muerte, es aspecto que remite a un supuesto de hecho diferente, pero que, en sede del hecho jurídico en sentido estricto, **no es objeto de valoración**. Así pues, en este caso, la conducta humana es posible, pero indiferente.

51 Iguales comentarios son extensivos al nacimiento, esto es, interesa el efecto, no la causa. Los efectos del nacimiento son los mismos, a saber: existencia de personalidad jurídica y el reconocimiento de precisos atributos de la personalidad (art. 90 CC), independientemente de que la concepción, como causa, haya sido natural o artificial. Así pues, en este caso, la conducta humana es posible, pero indiferente.

jurídico) se precisa la conducta humana como fuente (causa) determinante de la producción de efectos: sin intervención humana no hay surgimiento de consecuencias jurídicas. Así pues, en el acto en sentido amplio, además del efecto, interesa sobremanera la causa de tales efectos[52].

Pero el acto en sentido amplio, a su vez, se desglosa en dos categorías: el acto jurídico en sentido estricto y el negocio jurídico. El primero describe comportamientos cuyos efectos están plenamente regulados por el derecho, es decir, los efectos se derivan estrictamente del ordenamiento jurídico, sin que puedan modificarse o suprimirse por decisión particular. Esta categoría, igualmente, reviste dos modalidades, a saber: el acto jurídico lícito e ilícito, según que sus efectos estén o no en consonancia con el ordenamiento jurídico. Así pues, la ocupación -art. 685 CC- y el requerimiento para la constitución en mora -arts. 1607-1610-, son modalidades de *actos jurídicos lícitos*; pero el delito –doloso o culposo, por su parte, es una concreción del *acto jurídico ilícito*. En suma, el acto en sentido estricto refiere comportamientos "al que la ley dota de efectos precisos y fijos, dispuestos íntegramente por ella sola"[53].

El segundo, de otro lado, describe comportamientos "con aptitud dispositiva"[54], es decir, en virtud del negocio jurídico, el ordenamiento le concede a los particulares la atribución de reglamentar sus relaciones jurídicas, pudiendo intervenir (crear, modificar o extinguir) en los efectos derivados de su actividad negocial. En ese sentido, cuando el supuesto de hecho tiene carácter negocial, "la ley, por lo general, no de limita del todo su contenido, sino que señala orientaciones y límites a la actividad dispositiva particular; indaga sobre la observancia de la normatividad imperativa y, al no hallar reparo que formularle, la interpreta, la ubica dentro del marco de circunstancias en que se realizó, le adjudica los efectos que mejor correspondan a aquella determinación, así calificada y alindada"[55].

---

52 La diferencia con el supuesto anterior (hecho jurídico en sentido estricto), no radica, *stricto sensu*, en la intervención de conducta humana, pues se sabe que en el hecho en sentido estricto puede haberla; la diferencia, por lo tanto, radica en la relevancia, en el acto en sentido amplio, del actuar humano como presupuesto para el surgimiento de consecuencias jurídicas. Por lo mismo, son actos jurídicos en sentido amplio: la adopción (arts. 61-78 L. 1098 de 2006), el delito (art. 9 CP), el testamento (art. 1055 CC), la ocupación (art. 685 CC), el contrato (art. 1495 CC; 864 Cco), el requerimiento para la constitución en mora (arts. 1607-1610 y 1613 CC; 94 CGP), la posesión (art. 762 CC), entre otros.

53 Hinestrosa, p. 43. Son, en consecuencia, supuestos de negocio jurídico: la adopción (arts. 61-78 L. 1098 de 2006), el testamento (art. 1055 CC), el contrato (art. 1495 CC; 864 Cco), la decisión de la asamblea o junta de socios o, en general, cualquier otra decisión que provenga de un órgano colegiado (art. 181 Cco; 37 L. 675 de 2001), entre otros.

54 GÓMEZ, C. *Teoría del Contrato*. Bogotá: Universidad de Medellín, 2010. P. 17.

55 HINESTROSA, F. *Tratado de las Obligaciones I*. Bogotá: Universidad Externado de Colombia, 2003. P. 44.

Así pues, aquella competencia reconocida a los particulares para determinar los efectos de sus relaciones jurídicas o, lo que es lo mismo, aquella aptitud dispositiva y reglamentaria de los propios intereses, confiere fundamento y sentido al ejercicio de la **autonomía privada**; en consecuencia, la autonomía privada es el mismo poder conferido a los particulares para, por mediación del instrumento negocial, reglamentar sus propias relaciones jurídicas. En ese contexto, existe una estrecha relación entre **el negocio jurídico y la autonomía privada**, pudiéndose afirmar que el ejercicio de la actividad negocial precisa del reconocimiento y tutela de ese poder jurídico atribuido a los particulares para disciplinar sus relaciones jurídicas; en otras palabras: el negocio jurídico es el escenario, por naturaleza, de la autonomía privada[56].

En conclusión, el acto en sentido estricto y el negocio jurídico, como especies de acto jurídico (en sentido amplio), se diferencian en un aspecto nodal: **la autonomía privada**. Tal poder jurídico de regulación de los propios intereses, se insiste, sólo es posible en el campo de la actividad negocial, no así en la esfera de los actos jurídicos en sentido estricto (o actos no negociales), cuyos efectos están previstos, de manera precisa y rigurosa, por el ordenamiento jurídico[57].

---

56 "A tal propósito puede retenerse un punto como seguro, conclusión de lo ya anotado: la figura del negocio se basa en el fenómeno de la autonomía de los particulares, al cual debe orientarse en definitiva el análisis y en el que encuentra su explicación adecuada". SCOGNAMIGLIO, Renato. Teoría General del Contrato. Traducción Fernando Hinestrosa. Bogotá: Universidad Externado de Colombia, 1991. P. 15.

57 Por lo mismo, "en el acto jurídico en sentido estricto sería necesario, como también suficiente, que se quiera ejecutar el comportamiento como tal. Sería relevante la mera voluntariedad del acto y no el fin jurídico (el "propósito") para el cual se ejecuta. En el negocio jurídico (...) sería necesaria, por el contrario, la voluntad, tanto del acto como del efecto" (GERI, L. B., BRECCIA, U., BUSNELLI, F., & NATOLI, U. *Derecho Civil. Tomo I Volumen 2: Hechos y Actos Jurídicos.* Bogotá: Universidad Externado de Colombia, 1992. P. 578.
En esa misma línea, expresa Albadalejo: "En conclusión, hemos llegado a ver qué sea el negocio, siguiendo el camino descendente: hecho, hecho jurídico, acto jurídico y negocio jurídico. El primero que no produce efectos jurídicos, el segundo que los produce, el tercero que –además de producirlos- procede de la voluntad humana, el cuarto que –además de producirlos y de proceder de la voluntad humana- los produce porque son queridos, ya que el agente tiende, al realizarlo, precisamente a producirlos. Para el Derecho en el primero nada es relevante, en el segundo lo es la fenomenicidad (resultado exterior), en el tercero los es la fenomenicidad y la voluntariedad (del acto), en el cuarto lo son la fenomenicidad, la voluntariedad (del acto), y el propósito (del agente)". ALBALADEJO GARCÍA, Manuel. El negocio jurídico. Barcelona: Librería Bosch, 1958. Esta distinción entre el acto en sentido estricto y el negocio jurídico a partir del propósito práctico que persigue el primero y el fin jurídico que subyace al segundo, fue esbozada por Savigny "al distinguir el negocio jurídico (...) del simple acto jurídico (...). La dominante autoridad de Savigny, y el ambiente de la época, que centraba el derecho en la voluntad, hacen que se difunda y arraigue la idea de que el negocio jurídico es aquella declaración de voluntad privada que se propone perseguir un fin jurídico. Es la teoría que se llamará de "las consecuencias jurídicas" (*Rechtsfolgentheorie*)". DE CASTRO Y BRAVO, Federico. El negocio jurídico. Madrid: Civitas, 1991. P. 27.

c. El negocio jurídico[58]: Por lo expresado, se ha concebido el negocio jurídico, y con razón, como un "acto de autonomía privada relevante"[59], esto es, como un "acto dispositivo de intereses" o, en palabras de Scognamiglio, como "acto de autorregulación de los intereses privados"[60]. En esa medida, el negocio jurídico sirve de instrumento para la reglamentación de los propios intereses, bien de contenido personal, familiar o patrimonial[61]. Y tal regulación de intereses, en explicación de doctrina autorizada, se traduce en que "haya nacido, haya sido regulada o se haya extinguido una determinada relación"[62].

Los negocios jurídicos personales se enmarcan en el ámbito más íntimo de decisión del ser humano (relativos a su estado civil y condición), cual ocurre, por ejemplo, "con la modificación del nombre (art. 6 D 999/88), [los] negocios sobre el propio cuerpo –donación de órganos y tejidos humanos–, [el] testamento vital, [el] poder eutanásico, [la] cesión del derecho a difundir la propia imagen", entre otros[63]. Los negocios familiares, por su lado, se proyectan en el marco de las relaciones de familia, siendo ejemplos repre-

---

58 Para una lectura crítica sobre la asimilación de las categorías del acto jurídico y el negocio jurídico, ver: GÓMEZ, C. *Teoría del Contrato.* Bogotá: Universidad de Medellín, 2010. P. 20-24; PARRA BENÍTEZ, Jorge. *Derecho civil general y de las personas.* Bogotá: Leyer, 2008. P. 157. En ese mismo sentido, expresa Valencia Zea: "...los juristas franceses emplean las palabras "acto jurídico" (*acte juridique*) para designar únicamente las "declaraciones de voluntad" o "negocios". A este respecto, el Código civil colombiano suele emplear la expresión "acto jurídico" como equivalente de la francesa *acte juridique*, como sucede con el art. 1502; pero también emplea el término *negocio*, por ejemplo, con los arts. 2142, 2145, 2146, 2147 y 2160. En todo caso, la influencia de los expositores franceses en nuestra doctrina es la que generalizó los términos *acto jurídico*, en vez de *negocio jurídico*. Lo mismo sucedió en un tiempo con el derecho español, hasta que DE DIEGO y VALVERDE generalizaron la expresión *negocio jurídico* para indicar los hechos jurídicos consistentes en "una" declaración de voluntad; otro tanto haremos nosotros, es decir, emplearemos la palabra *negocio* en el mismo sentido que las doctrinas alemana y suiza emplean *Rechtgeschäft*, la italiana *negozio* y la española *negocio*". (VALENCIA ZEA, Arturo. Derecho Civil. Tomo I. Parte Segunda. Buenos Aires: Roque Depalma, 1957. P. 308-309).

59 HINESTROSA, Fernando. Tratado de las Obligaciones I. Bogotá: Universidad Externado de Colombia, 2003. P. 44. En igual sentido, SCOGNAMIGLIO, Renato. Teoría General del Contrato. Traducción Fernando Hinestrosa. Bogotá: Universidad Externado de Colombia, 1991. P. 7. Al respecto, observa Diez-Picazo: "El negocio jurídico es un acto de autonomía privada que reglamentan para sus autores una determinada relación o una determinada situación jurídica". DIEZ-PICAZO, Luis. Fundamentos del Derecho Civil Patrimonial. Volumen I: Introducción Teoría del Contrato. Quinta edición. Madrid: CIVITAS, 1996. P. 73.

60 SCOGNAMIGLIO, Renato, op. cit, p. 13.

61 Ver: DIEZ-PICAZO, Luis. Fundamentos del Derecho Civil Patrimonial, op. cit, p. 74. Asimismo, CARIOTA FERRARA, Luigi. El negocio Jurídico. Traducción Manuel Albadalejo. Madrid: Aguilar, 1956. P. 149.

62 GERI, L. B., BRECCIA, U., BUSNELLI, F., & NATOLI, U. *Derecho Civil. Tomo I Volumen 2: Hechos y Actos Jurídicos.* Bogotá : Universidad Externado de Colombia, 1992. P. 596.

63 GÓMEZ, C. *Teoría del Contrato,* op. cit., p. 19.

sentativos: "el matrimonio (art. 113 CC), el divorcio del matrimonio civil o la cesación de efectos civiles del matrimonio religioso por mutuo acuerdo (art. 34 L 962/05), la emancipación voluntaria (art. 313 CC) y la adopción (art. 61 L 1098/06)"[64]. Finalmente, los negocios jurídicos patrimoniales presuponen relaciones jurídicas susceptibles de valoración económica; desglosándose, además, en dos categorías: los negocios jurídicos unipersonales y pluripersonales.

La mentada clasificación de los negocios patrimoniales atiende al número de partes que intervienen en su formación[65]. Así, son unipersonales aquellos que producen efectos a instancias de una sola parte, es decir, sólo se precisa la intervención de un parte para que surjan las respectivas consecuencias jurídicas, tal el caso del testamento (art. 1055 CC), de la oferta (art. 845 Cco) y la aceptación (art. 854 y 855 Cco). Por su lado, son pluripersonales aquellos que precisan de dos o más partes para que surjan los efectos jurídicos que le son connaturales, como en todas las especies de contratos[66]. Por lo tanto, el contrato, según lo expresado, es el **negocio jurídico patrimonial y pluripersonal por excelencia**[67].

Y, en tal escenario, ¿cuál sería la calificación de la posesión? Como se indicó, en sentido amplio, la posesión es un hecho jurídico, es decir, es un supuesto de hecho con relevancia jurídica. Este supuesto, como es sabido, describe conductas a las que se imputan precisan consecuencias jurídicas. En esa medida, como supuesto de hecho, la posesión puede

---

64 Ídem.

65 La parte es un centro de interés, es decir, una posición negocial que ocupa un sujeto en un determinado negocio jurídico. Por ejemplo: en el negocio jurídico de oferta sólo existe una posición negocial: la de oferente. Pero ese centro de interés, a su vez, puede estar integrado por uno o varios sujetos de derecho. En el primer caso, la parte es simple; en el segundo, la parte se estima compleja o compuesta. Del mismo modo, en el contrato de compraventa existen dos posiciones contractuales: la de vendedor y comprador; y cada posición, como quedó expresado, puede ser simple o compuesta, según el número de sujetos que integren cada uno de los extremos negociales. En consecuencia, el concepto de parte es **inmutable**, no cambia ni varía; aquello que varía es el número de sujetos que integran cada parte. De otro lado, y a modo de aclaración necesaria, tampoco deben confundirse los conceptos de persona y sujeto de derecho. El sujeto de derecho es, en sentido amplio, un centro de imputación jurídica (ver: KELSEN, Hans. Teoría General del Estado. Trad. Luis Legaz y Lacambra. Madrid: Labor, 1959. P. 85; KELSEN, Hans. Teoría Pura del Derecho. Cuarta Edición. Buenos Aires: Eudeba, 2009. P. 105). Tales sujetos pueden tener o no personalidad jurídica. Por lo tanto, **toda persona es sujeto de derecho, pero no todo sujeto de derecho tiene personalidad**. En fin, la mentada clasificación de los negocios patrimoniales (unipersonales y pluripersonales) no atiende ni al número de sujetos ni al número personas que intervienen en su formación, sino, como se expresó, al número de partes que se precisan para que el negocio produzca efectos jurídicos.

66 Con el fin de ofrecer claridad, debe resaltarse que, por regla general, el contrato es un acto de dos partes; sin embargo, por excepción, es posible que intervengan más de dos partes en la formación del vínculo contractual, cual el caso de los contratos societarios: en tales supuestos, cada sujeto (socio) constituye una parte diferente a las demás. Ver: DIEZ-PICAZO, Luis. Fundamentos del Derecho Civil Patrimonial, op. cit., p. 75.

67 Con toda exactitud, dispone el art. 1321 del Código Civil italiano: "*Il contratto è l'accordo di due o più parti per costituire, regolare o estinguere tra loro un rapporto giuridico patrimoniale*" ("El contrato es el acuerdo de dos o más partes para constituir, regular o extinguir entre sí una relación jurídico-patrimonial").

asumirse, en sentido estricto, **como una especie de acto jurídico del que derivan consecuencías lícitas**. Es un acto jurídico por precisarse de la voluntad para que se deriven los efectos jurídicos imputados; es un acto en sentido estricto, por oposición al negocio jurídico, toda vez que los efectos derivan de la expresa disposición normativa, es decir, las consecuencias jurídicas no pueden modificadas o derogadas por voluntad particular.

En suma, así concebida, **la posesión describe un comportamiento humano con relevancia jurídica (art. 981 CC), lícito, y cuyos efectos están están plenamente regulados por el derecho**; por lo tanto, en el conjunto de los hechos jurídicos descritos, es un acto jurídico en sentido estricto (lícito).

6.3.2. La posesión como relación jurídica (lectura externa del fenómeno posesorio)

En mérito de lo expresado, y dada su naturaleza como acto jurídico en sentido estricto, conviene explicitar, con sustento en los aportes de Wesley Newcom Hohfeld[68] y sin perjuicio de efectuar algunos matices, la especie de relación jurídica que subyace al fenómeno posesorio.

Como es sabido, la relación jurídica "es el vínculo establecido entre el deber de uno o más sujetos y el poder de otro u otros" (Zannoni). En ese sentido, la relación jurídica supone la interacción de un sujeto activo, titular de un poder, y de un sujeto pasivo, responsable del cumplimiento de un determinado deber jurídico. En ese sentido, la relación jurídica presupone un vínculo intersubjetivo regulado por el derecho, con fundamento en el cual se derivan poderes y deberes jurídicos[69].

De toda relación jurídica, por lo tanto, se infieren dos notas esenciales: i) la intersubjetividad: que atiende a los sujetos, y ii) la correlatividad: que se ocupa del contenido del vínculo jurídico (poderes y deberes jurídco). Tales poderes y deberes, en consecuencia, denotan diferentes estados en los que puede hallarse el sujeto activo y el sujeto pasivo de la relación jurídica; así:

---

68 HOHFELD, Wesley Newcom. Conceptos jurídicos fundamentales. Traducción: Genaro Carrió. Tercera Edición. Buenos Aires: Centro Editor de América Latina, 1995.

69 De allí la asunción del derecho como conducta humana en interferencia intersubjetiva (CARLOS COSSIO).

	TIPOS DE RELACIÓN JURÍDICA	
Poder jurídico (Sujeto activo)	**Conducta** (Contenido de la relación jurídica)	**Deber jurídico** (Sujeto pasivo)
Pretensión – Derecho en sentido estricto	**Conducta positiva o negativa.** En el caso de la relación obligatoria (art. 666 CC), por ejemplo, la conducta se traduce en una prestación susceptible de valoración económica. La prestación es el contenido de la obligación, es el objeto de la obligación (art. 1517 CC).	**Obligación**[70]
Privilegio–Libertad[71] Este poder jurídico denota ventajas, prerrogativas o una especial situación de favorabilidad en la que se encuentra un sujeto determinado. El privilegio, por lo tanto, es una condición favorable que tiene un sujeto y de la que carecen otros.	**Conducta libre** Ni prohibida ni ordenada. Está a discreción del sujeto activo actuar o no actuar.	**No derecho–abstención.** Negación de la existencia del privilegio. Esta relación jurídica es la que se estructura, por ejemplo, en el escenario de los derechos reales (art. 665 CC).
Potestad Supone una relación de superioridad, de jerarquía, denota imposición.	**Conducta supra-ordenada, directiva o de control**	**Sujeción** Implica someterse a la decisión que toma el titular del poder jurídico. El sujeto pasivo, por lo tanto, debe tolerar el poder de decisión en cabeza del sujeto activo. Tal el caso, por ejemplo, de la figura contenida en el art. 1546 CC, alusiva a la condición resolutoria tácita, rectius, acción alternativa, cuyo presupuesto es el incumplimiento imputable del contrato bilateral (remedio contractual ante el incumplimiento del vínculo negocial)[72]. Frente a ese incumplimiento, el acreedor tiene 2 opciones, a saber: a) El cumplimiento forzado del contrato, y b) La resolución del contrato (ambas con indemnización de perjuicios). El demandado, en consecuencia, debe resistir la pretensión elegida por el demandante, bien el cumplimiento o, bien, la resolución contractual.

70 No se ignora que, en la concepción de Hohfeld, el correlativo del derecho en sentido estricto es el deber; sin embargo, en aras de claridad, se prefiere concretar ese concepto (deber jurídico), que se estima genérico, con el término específico de "obligación".

71 Ver: LOZADA, Alí. Hohfeld en la teoría de Alexy y más allá. En: Revista Iberoamericana de argumentación. Vol. 13, 2016. p. 1-17.

72 A pesar de lo sostenido, casi de forma unánime, por la doctrina y la jurisprudencia nacionales, consideramos que la acción alternativa y, concretamente, la pretensión de resolución contractual es procedente en los contratos unilaterales. Baste un ejemplo para demostrarlo: el artículo 2202 CC preceptúa que el comodatario deberá destinar la cosa para el uso convenido; de lo contrario, podrá exigirse la restitución inmediata y la reparación de todo perjuicio. Preguntamos: ¿en qué difiere el sentido de esta norma con aquel que subyace de los artículos 1546 CC y 870 CCo? En otras palabras ¿No reconoce el artículo 2202 CC la procedencia de la resolución por incumplimiento de un contrato unilateral? En fin, dejamos abierta la discusión en razón a que este tópico desborda los intereses de la presente obra.

Inmunidad Se refiere a una situación de especial protección, de no afectación de la esfera jurídica de un sujeto determinado, de conservación de un estado de cosas.	**Conducta ineficaz (inoponible).**	**Incompetencia** Ausencia de legitmación. Quien actúa no es el titular (legitimación contractual ordinaria) ni está autorizado por el titular (legitimación extraordinaria) para la efectiva disposición de un interés jurídico. El sujeto pasivo, por lo tanto, carece de competencia, es decir, no está investido de autoridad para vincular los intereses jurídicos del titular. Este, por lo mismo, permence inmune. Tal el caso, por ejemplo, de la venta de cosa ajena (art. 1871 CC).

En este escenario, la posesión, en tanto acto jurídico en sentido estricto, puede asumirse bajo la relación jurídica de privilegio-absteción[73]; es decir, por su símil con la propiedad y dada la presunción legal del artículo 762 CC, la posesión conlleva una relación entre el poseedor, quien ejerce un cúmulo de derechos derivados del hecho posesorio, y los demás sujetos diferentes a éste, es decir, el sujeto pasivo universal que, al modo de los derechos reales, debe abstenderse de interferir, de manera ilegítima, en el ejercicio público, continuo y pacífico de la posesión.

6.3.3. Corolario: La posesión como hecho jurídico generador de prerrogativas

Por lo anterior, y en relación con el tema que nos ocupa, es evidente que la posesión, al ser un supuesto de hecho generador de efectos jurídicos, se asume como un hecho jurídico en sentido amplio: tal es su naturaleza y, por lo tanto, resulta una verdad de perogrullo reconocer a la posesión una connotación eminentemente fáctica, como se ha hecho en el marco del reseñado debate tradicional. Igual consideración puede hacerse de otra clase de sucesos, conductas o acontecimientos que, por derivarse de su realización precisas consecuencias jurídicas, constituyen especies de hechos jurídicos.

Así pues, en aras de claridad, carecería de sentido indagar si el contrato es un hecho o un derecho, ya sea real o personal; como tampoco revestiría utilidad alguna preguntarse si el aluvión es un hecho o un derecho patrimonial. Igual sucede con la posesión: el debate sobre su naturaleza ha discurrido sobre si aquella es un hecho o un derecho,

73 No obstante lo anterior, no se desconoce la posibilidad de identificar otras situaciones jurídicas, subyacentes a la posesión, que puedan corresponder a un esquema de correlativos diferente. Es decir, de la posesión, por esencia, subyace una relación jurídica que se explica bajo el modelo privilegio-abstención; sin embargo, dada la pluralidad de situaciones jurídicas que se enmarcan en el hecho posesorio, es posible advertir relaciones jurídicas diferentes a la explicitada; por ejemplo, si al poseedor se le turbare o despojare de la posesión ejercida, podrá, a términos de los artículos 977 y 983 CC, pretender, no sólo la defensa del hecho posesorio, sino, a su vez, la indemnización de todo perjuicio causado, aspecto que, como es sabido, denota la existencia de una relación obligatoria que se explica bajo los correlativos de derecho (personal)-obligación.

ignorándose que la posesión es un supuesto normativo, es decir, una fuente de consecuencias jurídicas o, si se quiere, de derechos subjetivos.

Por las razones expuestas, consideramos que la discusión carece de todo sentido: la posesión, en sentido estricto, es un acto jurídico lícito que, una vez realizado, permite, a futuro y cumplidas las condiciones legales (tiempo), adquirir un derecho real por el modo de la usucapión o prescripción adquisitiva[74].

Es, por lo tanto, un supuesto de hecho que, a su vez, sirve de complemento a la usucapión como modo de adquisitivo de derechos reales. Así considerada, la posesión, como supuesto de hecho, se concreta en actos materiales que, sumados a otro hecho jurídico natural, el tiempo, conducen a adquirir la titularidad de un derecho real en cabeza del poseedor.

Así pues, bajo tales planetamientos, bien pueden asumirse la posesión como hecho jurídico (*lato sensu*) generador de **prerrogativas**[75] para el poseedor, a saber: la presunción de dominio (que no genera derechos reales provisionales), la protección de su esfuerzo mediante interdictos posesorios e, incluso, la posibilidad de transferir, no los actos materiales de posesión (que además son propios e individuales), sino aquellas prerrogativas que el ordenamiento le confirió por haber realizado aquel supuesto de hecho con el fin de adquirir el derecho real por la vía de la usucapión[76].

---

74 En sentir de algunos (Ternera, artículo propiedad y posesión), la posesión sólo constituye un hecho operativo (Ross), en tanto no confiere ventajas o beneficios al poseedor. De esta idea diferimos: la posesión, como hecho jurídico y al modo del dominio (por presunción legal, artículo 762 CC), bien puede explicarse, en el contexto de las relaciones jurídicas, bajos los correlativos de privilegio-abstención (no derecho), dada, entre otras razones, su similitud con el derecho de propiedad y atendida la presunción legal del artículo 762 CC. Si fuese tan sólo un hecho operativo, como pretende el autor, no se entiende cómo, en su concepto, pueda calificarse como un derecho real provisional, que, en tanto poder jurídico, confiere a su titular prerrogativas o beneficios. Tal asimilación, entonces, devendría inocua.

75 Según definición del Diccionario de la Real Academia de la Lengua Española, la prerrogativa, en su primera acepción, constituye un "privilegio, gracia o exención que se concede a alguien para que goce de ello, anejo regularmente a una dignidad, empleo o cargo".

76 Sobre las mentadas prerrogativas, ha puntualizado la Corte Suprema de Justicia, Sala de Casación Civil: "Como quiera que la posesión se manifiesta necesariamente por la realización de hechos perceptibles por los sentidos, la ley ha revestido de singular protección a quien ostenta esa calidad, como puede observarse de la presunción de ser el poseedor propietario, (art. 762, C.C.) y de permitirle, en esa calidad, incoar acciones posesorias, ejercer la acción publiciana e inclusive, reclamar del Estado la declaración jurisdiccional de haber adquirido el dominio de un bien singular por haberlo poseído durante el tiempo señalado por la ley, con ánimo de señorío, esto es, sin reconocer dominio ajeno, efecto este último para el cual se distinguen por la ley dos especies de prescripción adquisitiva, a saber: la ordinaria, que requiere justo título, buena fe y posesión no interrumpida por diez años a lo menos si se refiere a inmuebles o de tres años si a bienes muebles (arts. 2528, 2529, 762 y 764, C.C.); y la extraordinaria, para cuya operancia no se requiere justo título, se presume la buena fe, salvo lo dispuesto la regla 3a. del artículo 2531 del Código Civil y que exige la posesión por veinte años a lo menos (arts. 2531, 2532, 762, Ley 50 de 1936,

De igual manera, bajo la presunción de dominio, el poseedor tiene el derecho o la pretensión de que nadie le incomode, perturbe, altere e, incluso, le despoje de su posesión legítimamente adquirida. Y, correlativamente, los terceros (con excepción del dueño) deben respetar aquella tenencia material que ejerce el poseedor con el ánimo de tornase en titular del respectivo derecho real. En ese sentido, se reitera, la situación del poseedor bien puede explicarse, apelando a la mentada metodología de Hohfeld[77], en el marco de los correlativos "privilegio-no derecho": el poseedor, titular un privilegio, puede oponerse a todo acto de intromisión que afecta su tenencia material, y los terceros, en consecuencia, no tienen derecho de impedir que el poseedor actúe en procura de sus intereses.

Tal entendimiento de la posesión como fuente de prerrogativas, que implica para los terceros un no-derecho, es decir, una conducta negativa o de abstención, se concilia con aquella concepción del *corpus* que, en su momento, esbozo Hernández Gil, glosando las ideas de Fedele: "Posiblemente, la fórmula más amplia y diversa la brinda Fedele cuando sostiene que la relación entre el sujeto y la cosa pasa a una segunda línea para ocupar el primer plano de la conducta de los demás. El comportamiento del poseedor respecto de la cosa –dice-, asume exclusivamente el valor de causa de la abstención y de elemento determinativo del sujeto que experimenta las ventajas de la situación de abstención. El poder de hecho según este criterio, no consiste en la posibilidad material de excluir a los terceros, sino en que los terceros se abstengan y que no haya obstáculo físico, al menos duradero, para la proyección del poseedor sobre la cosa"[78].

7. ESTRUCTURA DE LA POSESIÓN

Se debe a Savigny la formulación de los clásicos elementos que configuran el hecho posesorio: *corpus* y *animus*.

El *corpus* constituye el aspecto objetivo de la relación posesoria. Clásicamente, se le ha considerado como un poder físico o material que ejerce el poseedor sobre un bien corpo-

---

art. 1)". Sentencia del 22 de octubre de 1997. M.P. Pedro Lafont Pianetta. A propósito de las mentadas prerrogativas (derechos), pero a partir de un enfoque reduccionista, comentó Savigny: "No existen en todo el derecho romano más que dos efectos que puedan atribuirse a la posesión considerada en sí misma independiente de toda propiedad: la *usucapión* y los *interdictos* (...). Pero nosotros creemos además que no hay otro derecho como efecto de la posesión...". SAVIGNY, Tratado de la posesión..., Op. Cit. p. 7-16. En el mismo sentido, sostiene el profesor Rengifo: "En mi sentir, la teoría subjetiva (o teoría de la voluntad) es correcta desde el punto de vista formal. Solo hay dos efectos jurídicos de la posesión: los interdictos y la prescripción". RENGIFO GARDEAZÁBAL, Teoría General..., Óp. Cit., p. 232.

77 Para una mejor explicación del correlativo privilegio-no derecho, véase: HOHFELD, W. N. Conceptos Jurídicos Fundamentales. Tercera Edición. México: Fontamara, 1995. P. 50-67.

78 HERNÁNDEZ GIL, La función social..., Op. Cit. P. 127. Siguiendo la misma línea de pensamiento, PEÑA QUIÑONES y PEÑA RODRÍGUEZ, El derecho de bienes..., Op. Cit. P. 384

ral. Se le ha asimilado, entonces, a la efectiva aprehensión física de la cosa por parte del poseedor. Este entendimiento del *corpus*, sin embargo, no resulta ser lo suficientemente preciso. Recuérdese que la posesión puede ejercerse directamente o por interpuesta persona, es decir, por la mediación de un tenedor que hace las veces de servidor de la posesión. En este evento, por lo tanto, aunque el poseedor no tiene contacto directo (físico) con la cosa, es indudable que ejerce efectiva posesión. El *corpus*, por lo tanto, es posibilidad (potencialidad) de incidir (disponer) sobre un bien corporal, mueble o inmueble.

En definitiva, el *corpus*, no definiéndose a instancias de un contacto físico entre el poseedor y el objeto poseído, representa un poder de hecho que se ejerce, directamente o por interpuesta persona (mero tenedor), haciéndose visible el señorío efectivo de la voluntad que identifica al poseedor[79].

Por su parte, el *animus (domini)*[80] constituye el aspecto subjetivo de la relación posesoria. El *animus* se refiere a la intención de señorío, es decir, de poseer el bien con la intención de adquirir, a futuro y reunidas las condiciones legales, el respectivo derecho real. El *animus*, entonces, denota el propósito, el designio o la finalidad, clara e inequívoca, de ejecutar actos de dominio del modo en que lo haría su efectivo titular, reconociéndose el poseedor, en consecuencia, como el único y verdadero dueño.

Sobre la concurrencia de los mentados elementos para estructurar la posesión, observó Savigny:

> "En efecto, cualquiera *detentación* para poderse modificar en posesión, debe ejercerse con intención, esto es, que para ser poseedor es preciso no solo que haya intención, sino también voluntad de que la haya"[81].
>
> (...)
>
> "No nos falta, pues, más que el segundo caso; aquel en que la intención está dirigida al ejercicio de su *propia* propiedad, de modo que el *animus possidendi* debe ser explicado por *animus domini* o por *animus sibi habendi*; y no puede por consiguiente considerarse como poseedor más que el que trata como propietario la cosa detentada, esto es, el que de hecho quiere tratarla lo mismo que un propietario autorizado para ello

---

79 Súmese a esta definición, el que el *corpus*, como se expresó en líneas anteriores, también debe abarcar el deber de abstención que deben observar los terceros en aras de alcanzar la plena realización de los intereses del poseedor. Así pues, además del poder de incidencia sobre los bienes, comprende la proyección de tal poder hacia los terceros, siendo causa directa de su abstención y aspecto determinante para el pleno provecho de las **prerrogativas** derivadas de la posesión.

80 También conocido como *animus rem sibi habendi*; opuesto, en todo caso, al *animus tenendi*, que identifica una relación de hecho diferente de la posesoria, y en la que el interesado reconoce dominio ajeno: la mera o simple tenencia o tenencia no cualificada.

81 SAVIGNY, Tratado de la posesión..., Op. Cit. p. 56.

en virtud de su derecho, y especialmente sin querer reconocer persona alguna superior a él por tener mejor fundadas sus pretensiones"[82].

Los tales elementos descritos se identifican con claridad en la redacción del pluricitado artículo 762 CC:

"La posesión es la **tenencia de una cosa determinada** con ánimo de señor o dueño, sea que el dueño o el que se da por tal, tenga la cosa por sí mismo, o por otra persona que la tenga en lugar y a nombre de él.

El poseedor es reputado dueño, mientras otra persona no justifique serlo".

De la norma se advierte que la posesión es tenencia, es decir, *corpus*, poder de hecho que se ejerce sobre una cosa, bien directamente o por interpuesta persona; pero, a su vez, es tenencia con ánimo de señor y dueño, expresión que remite al aspecto subjetivo de la posesión: el *animus*. De allí que, reunidos ambos elementos en la caracterización de la posesión, pueda considerársela como una tenencia cualificada, es decir, como la efectiva manifestación de un poder fáctico que revela la intención, cierta e inequívoca, de desplegar sobre el bien actos representativos de señorío.

7.1. El corpus y el animus: entre el subjetivismo y el objetivismo

No obstante lo anterior, son bien conocidas las discusiones en torno a la operatividad de los mentados elementos (*corpus* y *animus*) en la configuración de la posesión. Este debate, que se ha visto fortalecido por sendas concepciones objetivas y subjetivas, se encamina a establecer cuál de los elementos referidos tiene **mayor significación** en la estructuración del hecho posesorio. En otras palabras, aunque ambas concepciones reconocen la concurrencia de aquellos elementos en la comprensión del fenómeno posesorio, son marcadas sus diferencias en la manera de asumirlos o concebirlos[83].

Para la teoría subjetiva, defendida por Savigny, ambos elementos, *corpus* y *animus*, deben concurrir como condiciones necesarias para la configuración del hecho pose-

---

82 Ibíd. P. 57.

83 "No es como se ha creído generalmente, que el animus sea según los subjetivistas el elemento preponderante, ya que en cuanto a la función que corresponde a los dos elementos, nada significan el uno sin el otro; el corpus sin el animus vale tanto como éste sin aquél. El animus elemento interno, personal, sin actos materiales, ningún sentido posesorio tiene. Sería valor oculto, invisible, imperceptible por los asociados, y por tanto inepto, para producir los grandes efectos posesorios. La posesión es, ante todo, un hecho, una demostración externa, social, de modo que si no pasa del fuero interno, por muy vigorosa y definida que sea ningún alcance posesorio puede tener. Y del mismo modo, si los hechos se han cumplido reconociendo derecho de otro, no podrán ser "demostración" de posesión. Funcionan, pues, los elementos, en juego regular, de equilibrio, prestándose apoyo recíproco. GÓMEZ, Derecho Civil..., Op. Cit. P. 383.

sorio. En ese sentido, mientras el primer elemento "está conformado por los hechos materiales de uso, goce y transformación, es decir, el poder hecho de que habla Savigny, la tenencia a que alude el artículo 762 CC. El segundo es el elemento psicológico, intencional, que califica aquellos hechos dándoles significado posesorio"[84].

En consecuencia, ambos elementos, *corpus* y *animus*, adquieren autonomía en la estructuración de la relación posesoria: mientras el primero es pura materialidad, traducida en el ejercicio de un poder de hecho sobre la cosa; el segundo es pura intencionalidad, aspecto que cualifica la simple tenencia y confiere alcance posesorio a los actos materiales ejercidos sobre la cosa. Como bien lo resume el prof. José J. Gómez:

> "Se sigue igualmente que *corpus* y *animus*, según esta teoría, son dos elementos específicamente determinados, con vida y funcionamiento propios, lo que no pasa en la teoría objetiva. El *corpus*, es decir, los hechos materiales, no prueban más que el elemento material. El *animus*, es decir, la voluntad clara de obrar como dueño, no prueba sino este elemento. De manera en el *corpus* es incapaz de establecer por sí sólo la posesión, así como el *animus* carece de aptitud para establecer por sí sólo el hecho de la posesión. Ni los hechos como edificar, sembrar, ni la voluntad de proceder como señor aisladamente, prueban otra cosa que el respectivo elemento"[85].

En suma, al ser independientes ambos elementos, deben acreditarse por separado; así, quien prueba el poder hecho sobre la cosa (*corpus*), aún debe probar que ha vinculado a ese poder la intencionalidad posesoria, es decir, el ánimo de señorío o la voluntad de dueño.

Por su parte, para la teoría objetiva, defendida por Ihering, el aspecto objetivo, el *corpus*, presupone la intencionalidad posesoria, el *animus*. Desde este enfoque, el *corpus* adquiere una mayor significación: no sólo se concreta en los actos materiales y exteriores que se ejercen sobre una cosa; asimismo el *corpus* contiene el *animus*, la intención clara e inequívoca de señorío. Siendo así, el *animus* se concibe como una nota accesoria del *corpus* o, en otras palabras, para ser poseedor es suficiente acreditar la configuración de ese poder material, pues, una vez configurado, se infiere como consecuencia necesaria la existencia del ánimo o la voluntad de dominio, salvo prueba en contrario. Por eso, como bien explica el prof. José J. Gómez:

> "Conforme con la escuela objetiva, el *corpus* supone el *animus*; los hechos positivos de uso, goce y transformación, implica en quien los prueba el elemento psicológico. Tiene, pues, el *corpus*, el atributo de llevar en sí el *animus*, y así, probándose el primero, se prueba el segundo a la vez. Puede decirse que aquel contiene la presunción de éste, pero desde luego una presunción legal, que por lo mismo, admite prueba en contrario. Pero los hechos y esto es lo que importa destacar, logran establecer la posesión, porque

84 Ibíd. P. 381.

85 Ibíd. P. 382.

> en sí mismos llevan el animus, mientras no se demuestre lo contrario. Por esto, el *corpus* tiene en esta escuela un mayor valor"[86].

Por lo tanto, para Ihering, referente de la teoría objetiva:

> "Para demostrar que hay posesión basta mostrar la existencia exterior de la relación posesoria (el *corpus*), que, como tal, implica el animus, incumbiendo al adversario mostrar la existencia del motivo especial de exclusión de la posesión; como, si trata de tenencia *absoluta*, la circunstancia de que la cosa no es susceptible de ser poseída, y si se trata de tenencia *relativa*, la existencia de una de la *causae detentionis*, tan conocidas del derecho romano. Para la cuestión de si hay posesión o tenencia, la calificación particular de la voluntad de poseer nada importa"[87].

Ambas escuelas, por lo tanto, tienen como punto de partida enfoques sustancialmente diferentes. Mientras la escuela subjetiva parte de la mera tenencia, exigiendo acreditar el *animus* para trascender al hecho posesorio; la escuela objetiva, por su lado, parte directamente de la posesión que, por razón de la presunción del *animus* con la sola prueba del *corpus*, hace necesaria una prueba en contrario para descender a la mera tenencia. Por eso, "la teoría subjetiva se asienta en la tenencia, dijéramos en el *corpus*; y la objetiva, en la posesión misma, ya que el corpus envuelve el *animus*. Para llegar la tenencia a posesión, se requiere la presencia del *animus*, según la primera teoría. Para que la posesión deje de serlo, y quede reducida a tenencia, es menester probar el elemento negativo diferencial conforme a la segunda. Así, la tenencia asciende a posesión y la posesión desciende a tenencia"[88].

7.2. Una referencia al caso colombiano

Son varias las normas regulatorias de la posesión que permiten advertir la recepción de la concepción subjetiva en la sistemática del Código Civil colombiano, a saber:

- Artículo 762 CC: Como se precisó en líneas anteriores, la norma resalta la concurrencia y, por demás, la autonomía del *corpus* y el *animus* como elementos necesarios para la configuración de la relación posesoria.
- Artículo 775 CC: La norma diferencia la mera tenencia de la posesión (siendo ambas relaciones de hecho *-corpus-*), a partir del elemento subjetivo que las individualiza: la posesión provista de *animus domini* y la mera tenencia de *animus tenendi*. Entre una y otra existe una diferencia de grandes proporciones: el mero tenedor, a diferencia del poseedor, reconoce dominio ajeno.

---

86 Ibíd. P. 385.

87 IHERING, Rodolf Von. La voluntad en la posesión. Con la crítica del método reinante. Madrid: Imprenta de la revista de legislación, 1896. P. 24.

88 Ibíd. P. 387.

- Artículo 784 CC: La norma se ocupa de regular la capacidad posesoria, haciendo especial énfasis en la necesidad de que concurran la voluntad (*animus*) y la aprehensión material (*corpus*) para efectos de adquirir la posesión.
- Artículo 786 CC: La norma reconoce que se sigue conservando la calidad de poseedor (*animus*), no obstante que se ceda la tenencia (*corpus*) de la cosa por un título no traslaticio de dominio, cual el caso del comodato, arrendamiento, depósito, entre otros. En este caso, el poseedor conserva la posesión por intermedio del mero tenedor quien funge como representante o servidor suyo.
- Artículo 787 CC: La norma, luego de referir que la posesión se pierde cuando otra persona se apodera de ella (*corpus*) con el ánimo de hacerla suya (*animus*), reconoce que tal regla general puede excepcionarse en los casos expresamente previstos por el legislador. Es decir, sugiere que existen situaciones en las que, pese a haberse perdido el *corpus*, es posible conservarse la posesión mientras subsista el aspecto subjetivo: el *animus*.
- Artículo 788 CC: La norma se refiere a la conservación del *animus* en el evento en que el poseedor de una cosa mueble ignore accidentalmente su paradero.
- Artículo 791 CC: Es norma que hace énfasis en la concurrencia de los elementos objetivo y subjetivo para estructurar la posesión. En ese sentido, si el mero tenedor usurpa la posesión al poseedor, no se entiende éste perderla ni aquél ganarla (*corpus* y *animus* aún siguen radicados en cabeza del poseedor); pero si el usurpador enajena a su propio nombre la cosa a un tercero, éste adquiere la posesión y pone fin a la posesión anterior (*corpus* y *animus* en cabeza del tercero).
- Artículo 792 CC: La norma establece que aquel que recupera la posesión perdida, se entenderá haberla tenido durante el tiempo intermedio. Así pues, aunque el bien se pierda transitoriamente (*corpus*), su recuperación posterior por parte del poseedor hará presumir que ejercitó la posesión durante el tiempo que estuvo perdida. Resáltese que el legislador, en este evento, confiere especial significación al *animus*, no obstante la pérdida transitoria del *corpus*, pues la recuperación legítima del bien (*corpus*) hace presumir la voluntad de señorío (*animus*) en cabeza del poseedor, incluso durante el tiempo que no tuvo la cosa en su poder.
- Artículo 981 CC: La norma exige la concurrencia del *corpus* y el *animus* como presupuestos necesarios para configurar la posesión, debiéndose acreditar su existencia por hechos positivos de aquellos a que sólo da derecho el dominio (*corpus*), como el corte de maderas, la construcción de edificios, la de cerramientos, las plantaciones o sementeras, y otros de igual significación, ejecutados sin el consentimiento del que disputa la posesión (*animus domini*).

Los supuestos reseñados, como se indicó, reconocen la importancia de los elementos subjetivo y objetivo para estructurar la relación posesoria. Tanto el *corpus* como el *animus* se requieren, a voces del Código Civil Colombiano, para efectos de acreditar la existencia de la posesión.

CAPÍTULO II

DE LA PROTECCIÓN POSESORIA

1. FUNDAMENTACIÓN

Sin desconocer los aportes de Ihering en la explicación de aquellas doctrinas que sirvieron para explicar la protección posesoria en el derecho romano, nos sumamos al método del Prof. Valencia Zea que las reúne en doctrinas individualistas y doctrinas de la utilidad social. En ese sentido, mientras las primeras encuentran el fundamento de la protección posesoria en el interés particular del poseedor; las segundas, por su parte, enfatizan en la protección posesoria como condición esencial para tutelar el interés general de la comunidad[89].

1.1. Concepciones individualistas:

a. De la presunción de legitimidad de la relación posesoria: Las relaciones posesorias se presumen legítimas en la medida en que representan el efectivo ejercicio de un poder jurídico; es decir, para esta concepción, los hechos materiales y, concretamente, aquellos derivados de la posesión, son susceptibles de protección toda vez que se presentan como la exteriorización de un derecho patrimonial. En esa medida, los poderes de hecho son confirmatorios de la titularidad de un derecho y, por lo tanto, protegiendo el hecho posesorio, se protege el respectivo derecho. Como explica con claridad Valencia Zea:

> "*Se presumen lícitas (o legítimas) las relaciones materiales del hombre con las cosas.* Presumir lícitas o legítimas las relaciones posesorias del hombre con las cosas, tan solo indica que ellas representan el ejercicio de algún poder jurídico, es decir, que son la exteriorización de un derecho patrimonial"[90].

---

89 Cfr. VALENCIA ZEA, La posesión..., Op. Cit. P. 164.

90 Ibíd. P. 166. Esta presunción, además, tiene una específica finalidad probatoria: presumir la legitimidad de la relación posesoria y, en seguida, asumir que la posesión es concreción de un poder jurídico,

Esta concepción sobre la protección posesoria, inspiró el sistema romano. Para los romanos la posesión representaba la manifestación de la propiedad, su efectivo ejercicio. Así, la "posesión de las cosas no debe a sí misma, sino a la propiedad, su elevación al rango de las relaciones jurídicas importantes. Con el fin de conceder al propietario contra ciertos ataques, un medio más fácil que la reivindicación, la prueba de la *existencia jurídica* de la propiedad ha sido reemplazada por la prueba de su existencia de hecho"[91].

Esta sustentación de la protección posesoria, bien pudo servir para ese contexto histórico específico. Está claro que, actualmente, la posesión no se protege por ser aquella una expresión del derecho real de dominio. Así pues, la presunción de legitimidad de las relaciones posesorias como un medio para acreditar la existencia de un poder jurídico sobre las cosas, debe ceder ante la evidencia de que, no en todos los casos, la posesión responde a aquel clásico esquema. A lo sumo, "tan solo puede presumirse que las relaciones posesorias son lícitas; mas un juicio que pretenda concretar la clase de poder jurídico que encubre un determinado poder de hecho, es temerario"[92].

Pero, aunque reconocemos el esfuerzo de Valencia Zea por rectificar la concepción expuesta, no coincidimos con su apreciación conclusiva. En su sentir:

> "Una conclusión clara de los expuesto es esta: la tesis de IHERING, que ensaya interpretar el sistema romano, y según la cual la posesión es exteriorización de la propiedad, ha dejado de ser cierta para los tiempos actuales. Dicha tesis es reemplazada por otra, que si pierde en profundidad, gana en exactitud: *la relación posesoria es exteriorización de un poder jurídico o derecho patrimonial, mas no de este o el otro derecho.* En resumen, se protege la posesión en cuanto se entiende proteger el respectivo derecho patrimonial del cual es una consecuencia"[93].

Como se expresó en su momento, la posesión, si bien la posesión del dueño es efectiva manifestación de un derecho patrimonial (así como aquella que ejercen los servidores de la posesión o el usufructuario, el usuario o el habitador), no se comparte que en los demás casos (posesión del no dueño) se le considere como expresión de un poder jurídico. En ese caso, la posesión, en tanto acto jurídico lícito, inviste al poseedor de precisas atribuciones jurídicas, esto es, aunque no es un derecho, concede **prerrogativas** al poseedor que se materializan, por ejemplo, en el ejercicio de las acciones posesorias.

---

es presumir la existencia del respectivo poder jurídico y, facilitándose esa prueba, poder otorgar los mecanismos adecuados para proteger tales poderes que se ejercen sobre las cosas.

91 IHERING, Teoría de la posesión..., Op. Cit. p. 224-225.

92 VALENCIA ZEA, La posesión..., Op. Cit. p. 172.

93 Ibíd. P. 173

En suma, se presume legítima la posesión, no por ser exteriorización de un poder jurídico, sino porque presupone una relación jurídica de la que se derivan intereses (prerrogativas) dignos de protección[94].

b. La teoría de la voluntad y de la personalidad: La relación posesoria se presenta como una manifestación del señorío de la voluntad sobre las cosas. Y, en esa medida, la voluntad deber ser reconocida y protegida por el ordenamiento jurídico. Negarle protección a la posesión es restarle valor a la voluntad, a la autonomía personal y, en esa medida, a la personalidad misma.

Esta teoría de expresa así:

> "La voluntad que se realiza en la posesión, aun cuando en sí no constituya *derecho* alguno, y aun cuando exista *puramente como hecho*, quizá hasta en contradicción palmaria con el derecho, debe, sin embargo, ser protegida en razón de su naturaleza general. La voluntad es en sí y por su esencia, absolutamente libre, y precisamente el reconocimiento y la realización de esta libertad es lo que constituye todo sistema jurídico. La coacción y la violencia ejercidas contra la voluntad son, pues, en general por sí mismas, y sin mirar a su legalidad particular, injusticias contra las cuales la voluntad debe der protegida.
>
> La posesión no es, pues, un derecho como la propiedad, la obligación, etc., sino un hecho; y este hecho es protegido contra la violencia, solo porque es la manifestación positiva de la voluntad y en consideración a los derechos generales de la voluntad; son, por tanto, la personalidad y la libertad de los hombres las que, ante todo y sobre todo, reciben en la protección de la posesión plena consagración jurídica"[95].

Partidario de esta teoría lo fue el gran jurista del siglo XIX: Karl Von Savigny. En sus palabras:

> "Trátese ahora de indicar el fundamento de esta protección y de esta asimilación de la posesión a un derecho, y esto es lo que vamos a hacer. Este fundamento consiste en la unión de este estado puramente de hecho con la persona que posee y cuya inviolabilidad sirve al mismo tiempo para protegerla contra toda especie de violaciones que podrían también dirigirse contra la persona misma. La persona en efecto debe estar siempre al abrigo de toda violencia, y si esta se comete, siempre es una injusticia cuyas consecuencias pueden sin embargo ser diversas"[96].

---

94 Intereses que se derivan del esfuerzo del poseedor por destinar los bienes al cumplimiento de fines merecedores de tutela jurídica, como su explotación lícita, su vinculación a actividades económicamente rentables y el cumplimiento de la función social de la propiedad. En mérito de lo anterior, se reconocen al poseedor prerrogativas derivadas de aquella relación jurídica, a saber: la expectativa de tornarse propietario por el modo de la usucapión, la defensa de su hecho mediante el ejercicio de las acciones posesorias e, incluso, la posibilidad ceder sus intereses (derechos, mejoras y acciones) a los terceros que estuvieren interesados en su adquisición. Para una lectura crítica de los actos de transferencia y transmisión de la posesión, ver OCHOA CARVAJAL, Bienes..., Op. Cit. p. 157.

95 Cita atribuida a Bruns. Cfr. IHERING, Teoría de la posesión..., Op. Cit. P. 37-38.

96 SAVIGNY, Tratado de la posesión..., Op. Cit. p. 24. En el mismo sentido se expresa PUTCHA al observar –citado por Savigny-: "Pero la posesión es un derecho, no a la cosa sino a la misma persona, a la

1.2. Concepciones que fundamentan la protección posesoria a partir de su proyección social:

a. La protección posesoria como garantía de paz social: Proteger la posesión contribuye al fortalecimiento de la armonía y convivencia sociales. Lo contrario, es decir, negarle reconocimiento y tutela al hecho de la posesión supondría regresar a estados de violencia y de luchas enconadas que servían para alimentar los deseos de voracidad y de ambición que hacían sucumbir el orden, la paz y la tranquilidad. Para esta concepción, entonces,

> "El fundamento de la protección posesoria reside en el interés de la sociedad en que los estados de hecho existentes no puedan destruirse por actos de propia autoridad, sino que se impugnen por vías de derecho, si con él se contradicen. La protección posesoria es protección de la paz social, reacción contra la realización del derecho por la mano propia del lesionado y que una sociedad medianamente organizada no puede tolerar"[97].

b. La protección posesoria como garantía de utilidad social: Proteger la posesión implica reconocer el esfuerzo de personas que, no obstante carecer de la titularidad, destinan su tiempo y esfuerzos para vincular un bien a una actividad económicamente productiva. Desde esta perspectiva,

> "Se debe reconocer, pues, que generalmente el estado de la posesión implica actuación de las energías productoras de una cosa o de un patrimonio, para su goce normal. Por consiguiente, esta actividad es favorablemente considerada por las leyes, en cuanto económicamente es mucho más útil que la vacua titularidad del derecho que representa un estado de cosas improductivo... y que es considerado como una pérdida de riqueza, como un daño social"[98].

1.3. Epílogo

Conviene precisar que el fundamento de la protección posesoria es un asunto que no puede inferirse con facilidad del conjunto de normas que consagran y desarrollan la referida institución. Justamente, en mérito de aquel silencio en torno a las razones últimas que validan la protección de la posesión, son admisibles la diversidad de argumentos esbozados como propuestas explicativas alrededor de un tema tan amplio y complejo.

Por lo tanto, antes que excluyentes, aquellas concepciones no hacen más que enfatizar en precisas razones que, valoradas en conjunto, se suman para explicar la necesidad de proteger la posesión atendiendo a los intereses individuales del poseedor o, bien,

misma voluntad. De suerte que la protección de que la posesión goza, es una protección concedida a la personalidad, aplicada especialmente a la sumisión (no legal) de la cosa". Ibíd. p. 28.

97 Cita atribuida a Wolff, citado por VALENCIA ZEA, La posesión..., Op, Cit. P. 175.

98 Cita atribuida a Barassi, VALENCIA ZEA, La posesión..., Op, Cit. P. 176-177.

resaltando la trascendencia social de los actos posesorios como factores determinantes del desarrollo económico y, en esa medida, de la consecución de la utilidad pública y el bienestar general.

A pesar de los esfuerzos teóricos encaminados a justificar la protección de la posesión, siempre habrá más y renovadas razones para fundamentar aquella tutela específica. Concretamente por esto, y con miras a complementar aquel escenario de fundamentación, consideramos que el reconocimiento de la protección posesoria obedece a la indiscutible función social que subyace de la posesión, razón de peso para diseñar mecanismos judiciales que permitan conservarla en su esencia e integridad.

2. UNA PROPUESTA DE FUNDAMENTACIÓN: LA FUNCIÓN SOCIAL DE LA POSESIÓN

La posesión, como se sabe, es un instituto de gran impacto social[99]. Su trascendencia, antes que normativa, es de naturaleza socio-económica. Por lo tanto, el reconocimiento de la posesión, en tanto instrumento de justicia social, promueve los fines y valores esenciales del Estado Social de Derecho, a saber: la igualdad, la solidaridad, la dignidad humana y el trabajo (arts. 1 y 2 Constitución Política de Colombia)[100].

Desde ese enfoque, subyace de la posesión una evidente función social, no sólo por el hecho de servir a los intereses de múltiples personas que encuentran en esta el medio legítimo para acceder a la propiedad[101], sino porque reivindica la explotación de los bie-

---

99 "La posesión encuadrada en la estructura y en la función del Estado social con un programa de igualdad en la distribución de los recursos colectivos está llamada a desempeñar un importante papel". HERNÁNDEZ GIL, La función social...Op. Cit. P. 204.

100 En ese mismo sentido se ha expresado la doctrina foránea: "*A função social da posse como princípio constitucional positivado, além de atender à unidade e completude do ordenamento jurídico, é exigência da funcionalização das situações patrimoniais, especificamente para atender as exigências de moradia, de aproveitamento do solo, bem como aos programas de erradicação da pobreza,* ***elevando o conceito da dignidade da pessoa humana a um plano substancial e não meramente formal****. É forma ainda de melhor se efetivar os preceitos infraconstitucionais relativos ao tema possessório, já que a funcionalidade pelo uso e aproveitamento da coisa juridiciza a posse como direito autônomo e independente da propriedade, retirando-a daquele estado de simples defesa contra o esbulho, para se impor perante todos* (resaltado propio). ALBUQUERQUE VIEIRA, Ana Rita. Da função social da posse e sua conseqüência frente à situação proprietária. Rio de Janeiro: Lumen Juris, 2002. p. 40.

101 En referencia a la posesión como medio de satisfacción de necesidades básicas, han expresado Peña Quiñones y Peña Rodríguez: "...por tanto, a pesar de cierto desamparo en que los tratadistas han tenido la función social de la posesión, considero este tema de vital importancia, pues además de ser mucho más extenso, es aquel que permite la satisfacción de las necesidades, tomando el sujeto del mundo externo, es decir, de la naturaleza y de la riqueza aquello que necesita para satisfacer sus necesidades, aunque tal o cual bien no le pertenezca". El derecho de bienes..., Op. Cit. P. 383.

nes como condición necesaria del crecimiento económico, amén de reconocer un *status* especial a quienes, pese a no ser dueños, deciden vincular sus esfuerzos y recursos al desarrollo productivo de un sinnúmero de bienes que son relegados de todo escenario económico por la desidia o el desinterés de sus titulares; pues, como bien expresó Savigny:

> "...el propietario y el acreedor eran libres de obrar para evitar este perjuicio (pérdida de sus derechos), de manera que a ellos mismos debe imputárseles su pérdida, y esto es lo que significa la expresión 'castigo de la negligencia"[102].

No en vano, y en mérito de la mentada función social de la posesión, la Corte Suprema de Justicia, Sala de Casación Civil, decidió restarle efectos a aquellas normas del Código Civil que se referían e, incluso, protegían la llamada "posesión inscrita" (arts. 785, 789, 790, 791 y 2526 CC). Con fundamento en ese instituto, sólo a quien figurase como titular inscrito de un bien inmueble en el correspondiente sistema registral, se le reconocía como efectivo poseedor legítimo del mismo, en flagrante desconocimiento de la situación de aquellos "poseedores materiales" que aplicaban su tiempo y dedicación a la explotación económica de aquellos bienes que fueron relegados a la improductividad por la exclusiva decisión de sus dueños[103]. Al respecto, sostuvo la Corte Suprema de Justicia:

---

[102] SAVIGNY, Karl Von. Sistema del Derecho Romano Actual. Tomo III. Madrid: F. Góngora y Compañía, Editores, 1879. P. 199. En el mismo sentido, la Corte Suprema de Justicia, resaltando la función social de la prescripción -siendo posible extender aquellas ideas a la función de la posesión como antecedente de la prescripción adquisitiva-, sostuvo: "...la prescripción desempeña una función social de singular significación: da estabilidad a los derechos, consolida las situaciones jurídicas y confiere a las relaciones de ese género la seguridad necesaria para la garantía y preservación del orden social. En efecto, la seguridad social exige que las relaciones jurídicas no permanezcan eternamente inciertas y que las situaciones de hecho prolongadas se consoliden; evidentemente se asegura la paz social si, transcurrido cierto tiempo, a nadie se consiente, ni siquiera al antiguo propietario, atacar el derecho del que actualmente tiene la cosa en su poder". Sala de Casación Civil. Sentencia No. 18 de mayo 4 de 1989. M.P. Hernando Gómez Otálora. Y en relación con la importancia de la posesión como medio de satisfacción de primerísimas necesidades, ha señalado los profesores Mauricio Mota y Marcos Alcino: "*Portanto, a função social do instituto da posse é estabelecida pela necessidade social, pela necessidade da terra para o trabalho, para a moradia, ou seja, para as necessidades básicas que pressupõem a dignidade do ser humano*". MOTA, Mauricio y DE AZEVEDO TORRES, Marcos Alcino. A Função Social da Posse no Código Civil. En: Revista de Direito da Cidade vol.05, nº 01. ISSN 2317-7721. P. 279.

[103] Por razones similares, observa Hernández Gil: "La razón de ser de la posesión, su sentido institucional, se encuentra, por tanto, en lo que se aparta de la propiedad, en lo que la corrige y excluye. Es una fórmula atributiva de la utilización de las cosas atenida a las necesidades comunes de todos los seres humanos en cuanto a los alimentos, la habitación y el recreo. El desarraigo de la propiedad del uso de las cosas, su conversión en predominante instrumento de cambio (como piensan los economistas y los sociólogos) o su capacidad para la abstracción (como solemos decir los juristas) se ha erigido en nota caracterizadora de la propiedad misma dentro del sistema de ideas del capitalismo, que el pensar en la necesidades vitales cubiertas por el goce directo de los bienes encuentra su más adecuado encaje en la posesión". HERNÁNDEZ GIL, La función social... Op. Cit. P. 211.

"La posesión es un poder físico directo sobre las cosas, en virtud del cual se ejecutan sobre ellas actos materiales de goce y transformación , sea que se tenga el derecho o que no se tenga; por ella obtenemos de los bienes patrimoniales el beneficio señalado por la naturaleza o por el hombre; ella misma realiza en el tiempo los trascendentales efectos que se le atribuyen, de crear y sanear el derecho, brindar la prueba óptima de la propiedad y llevar a los asociados orden y bonanza; y es ella, **no las inscripciones en los libros del Registro**, la que realiza la función social de la propiedad sobre la tierra, asiento de la especie y cumbre de las aspiraciones de las masas humanas"[104].

Con similar propósito, es decir, en reconocimiento de la inocultable función social que cumple la posesión en contextos de especial desigualdad socio-económica, se profirió la ley 1561 de julio 11 de 2012, por la cual se estableció un proceso verbal especial para otorgar títulos de propiedad al **poseedor material** de bienes inmuebles urbanos y rurales de pequeña entidad económica[105], sanear la falsa tradición y se dictaron otras disposiciones. De conformidad con el artículo 1, la norma en referencia tuvo como propósito esencial:

(...) promover el acceso a la propiedad, mediante un proceso especial para otorgar título de propiedad al poseedor material de bienes inmuebles urbanos y rurales de pequeña entidad económica, y para sanear títulos que conlleven la llamada falsa tradición, con el fin de garantizar seguridad jurídica en los derechos sobre inmuebles, propiciar el desarrollo sostenible y prevenir el despojo o abandono forzado de inmuebles.

En orden de ideas, el reconocimiento de la función social de la posesión, justifica, a su vez, el de su especial protección mediante acciones encaminadas a preservar el hecho posesorio, amén de garantizar el que se cumpla de manera tranquila, pacífica e

---

104 Corte Suprema de Justicia. Sala de Casación Civil. Sentencia de 27 de Abril de 1955. M.P. José J. Gómez. Ver, GÓMEZ, Derecho Civil..., Op. Cit. P. 417-446.

105 En el contexto de la ley, se entiende por inmuebles urbanos y rurales de pequeña entidad económica aquellos que, en el primer caso, cuyo avalúo catastral no supere los doscientos cincuenta salarios mínimos legales mensuales vigentes (250 smlmv) –art. 4-; y, en el segundo caso, aquellos cuya extensión no exceda la de una (1) Unidad Agrícola Familiar (UAF), establecida por el Instituto Colombiano de Desarrollo Rural (Incoder) o por quien cumpla las respectivas funciones –art. 3-. Mediante el Decreto 2365 del 7 de diciembre de 2015 se suprimió y se liquidó el INCODER. Sus funciones, por lo tanto, fueron asumidas por dos agencias:
- **La Agencia Nacional de Tierras**, creada mediante el Decreto 2363 de 2015, con el objeto de ejecutar la política de ordenamiento social de la propiedad rural formulada por el Ministerio de Agricultura y Desarrollo Rural, para lo cual debe gestionar el acceso a la tierra como factor productivo, lograr la seguridad jurídica sobre ésta, promover su uso en cumplimiento de la función social de la propiedad y administrar y disponer de los predios rurales de propiedad de la Nación.
- **La Agencia de Desarrollo Rural**, creada mediante el Decreto 2364 de 2015, con el objeto de ejecutar la política de desarrollo agropecuario y rural con enfoque territorial formulada por el Ministerio de Agricultura y Desarrollo Rural, a través de la estructuración, cofinanciación y ejecución de planes y proyectos integrales de desarrollo agropecuario y rural nacionales y de iniciativa territorial o asociativa, así como fortalecer la gestión del desarrollo agropecuario y rural y contribuir a mejorar las condiciones de vida de los pobladores rurales y la competitividad del país.

ininterrumpida. A tal exigencia, concretamente, responden las acciones posesorias, entendiendo aquellas en su dimensión diédrica, es decir, como un todo del que se derivan dos formas especiales de protección a la posesión[106]: (i) Los interdictos posesorios (arts. 972-985 CC) y (ii) Los posesorios especiales (art. 986-1007 CC).

Sobre ambos mecanismos de protección discurrirán las siguientes líneas, abordando sus aspectos relevantes desde los enfoques normativo, doctrinal y jurisprudencial.

3. BREVES REFLEXIONES SOBRE LA SENTENCIA C-014 DEL 2 DE FEBRERO DE 2023

Como se indicó en líneas precedentes, la posesión, en sentido estricto, es un acto jurídico lícito. En consecuencia, de su concreción se derivan prerrogativas a favor del poseedor para, a futuro y reunidas las demás condiciones de ley, adquirir el respectivo derecho real por la vía de la usucapión.

Siendo así, resultó llamativa, por decir lo menos, la reforma introducida al Código Penal por la llamada "Ley de Seguridad Ciudadana" (Ley 2197 del 25 de enero de 2022), en cuyo artículo 13, declarado inexequible (sentencia C-014 de 2023), se adicionaba un artículo 234A al mentado estatuto penal, del siguiente tenor:

> "ARTÍCULO 264A. Avasallamiento de bien inmueble. **El que por sí o por terceros**, **ocupe de hecho**, usurpe, invada o desaloje, **con incursión** violenta o **pacífica**,

[106] Se asume las acciones posesorias como un concepto amplio dentro del cual se reúnen, concretamente, los interdictos posesorios y los posesorios especiales. Si bien se respetan las tesis en contrario, se estima que no es conveniente restringir el concepto de acciones posesorias, exclusivamente, a los interdictos posesorios de conservación y de recuperación de la posesión. Y no parece ajustado hacerlo, en la medida en que los interdictos y los posesorios especiales son, ambos, mecanismos de defensa judicial del acto posesorio, es decir, son acciones o, recurriendo a una estricta terminología procesal, son pretensiones procesales que sirven para tutelar la relación posesoria. Recuérdese, a propósito de la naturaleza de la acción, el que, hasta mediados del siglo XIX, la doctrina del derecho procesal asumía la acción como el derecho sustancial en movimiento. Se debe a Windscheid (1856), en su estudio titulado "La actio del derecho civil romano, desde el punto de vista del derecho actual", el hecho de considerar autónomas las nociones de acción y derecho sustancial. Al respecto, con maestría acostumbrada, señaló J. E. Couture: "(...) para la ciencia del proceso, la separación del derecho y de la acción constituyó un fenómeno análogo a lo que representó para la física la división del átomo. Más que un nuevo concepto jurídico, constituyó la autonomía de toda esa rama del derecho. Fue a partir de ese momento cuando el derecho procesal adquirió personalidad y se desprendió del viejo tronco del derecho civil". COUTURE, Fundamentos del Derecho..., Op. Cit. p. 60. A partir de entonces, y sin desconocer las múltiples concepciones en torno a la acción, bien puede considerarse que aquélla, actualmente, representa un derecho constitucional, "público, subjetivo a solicitar la prestación de la actividad jurisdiccional, indeterminado pero determinable, independiente del derecho material, de la pretensión y de la sentencia estimatoria y con carácter anterior al proceso (...)". RICO PUERTA, Luis Alonso. Teoría General del Proceso. Bogotá: Comlibros, 2006. p. 571.

> temporal o **continua**, **un bien inmueble ajeno**, incurrirá en prisión de cuarenta y ocho (48) a ciento veinte (120) meses.
>
> Cuando la conducta se realice con violencia o intimidación a las personas la pena se incrementará en la mitad.
>
> Cuando la conducta se realice mediante el concurso de un grupo o colectivo de personas, la pena se incrementará en una tercera parte.
>
> Cuando la conducta se realice contra bienes de patrimonio del Estado, bienes de dominio público, patrimonio cultural o inmuebles fiscales, la pena se incrementará en una tercera parte y si se trata de bienes fiscales necesarios a la prestación de un servicio público esencial la pena se incrementará en la mitad"[107].

Esta norma, en los apartes resaltados, parecía incluir, como hecho punible, el lícito ejercicio de la posesión con miras a obtener la declaración de pertenencia. Así dispuesta, la norma transcrita parecía sancionar punitivamente un acto lícito y, en consecuencia, tutelado por el ordenamiento jurídico (art. 762 CC).

Nótese que la posesión, como acto jurídico lícito, puede ser ejercida directamente por el intersado (poseedor) o por mediación de un tercero con la calidad de tenedor (el servidor de la posesión, en términos de Savigny)[108] y, en cualquier caso, presupone la ejecución de hechos indicativos de dominio, públicos, pacíficos y continuos, sobre un bien ajeno, mueble o inmueble y con la finalidad de adquirirlo, previa acreditación del tiempo exigido, por la vía de la prescripción adquisitiva (artículo 673 CC).

Siendo así, sancionar a quien, **por sí o por terceros, ocupe de hecho, con incursión pacífica y continua, un bien inmueble ajeno,** supone, en últimas, penalizar el legítimo ejercicio de la posesión; figura de la que, además y como se precisó en líneas precedentes, subyace una evidente función social que se opone al sentido y alcance de la norma glosada. En otras palabras, la ocupación de hecho, pública, continua y pacifica, **es equivalente a la posesión** y esta, como es sabido, es una institución de innegable trascendencia social, jurídica y económica. Su desconocimiento o, aún más, su penalización, conllevaría derruir los cimientos del derecho patrimonial y, en concreto, del diamantino derecho de propiedad. Esta norma, al parecer ligera e imprecisa, aparejaba penosas consecuencias sustanciales y procesales.

---

107 Artículo que fuera corregido por el artículo 6 del Decreto 207 de febrero 8 de 2022, por el cual se corrigen unos yerros en la Ley 2197 de 2022 "POR MEDIO DE LA CUAL SE DICTAN NORMAS TENDIENTES AL FORTALECIMIENTO DE LA SEGURIDAD CIUDADANA Y SE DICTAN OTRAS DISPOSICIONES".

108 En términos del artículo 762 CC: "La posesión es la tenencia de una cosa determinada con ánimo de señor o dueño, sea que el dueño o el que se da por tal, **tenga la cosa por sí mismo o por otra persona que le tenga en lugar y a nombre de él**".

Por lo mismo, enhorabuena y mediante la sentencia C-014 de 2023, la Corte Constitucional declaró la inexequibilidad de la glosada disposición normativa. Básicamente, la decisión del tribunal constitucional se centró en tres argumentos esenciales:

- En primer lugar, "la tipificación del delito de avasallamiento de bien inmueble no es necesaria para proteger el patrimonio económico público y privado. La Sala considera, por una parte, que el Código Penal prevé otros delitos que, en términos generales, sancionan actos que afectan la propiedad privada y, por otra parte, que el Código Nacional de Seguridad y Convivencia Ciudadana –Ley 1801 de 2006– prevé sanciones por la ejecución de conductas que impiden el goce y disfrute legítimo de un bien inmueble. Por lo tanto, para la Sala no era necesario que el Legislador acudiera al derecho penal, que debe ser el último recurso al que debe acudir –ultima ratio–, para cumplir con el cometido de proteger el patrimonio público y privado y, en concreto, la propiedad pública y privada".
- En segundo lugar, "la tipificación del delito de avasallamiento de bien inmueble no es necesaria para proteger el patrimonio económico público y privado. La Sala considera, por una parte, que el Código Penal prevé otros delitos que, en términos generales, sancionan actos que afectan la propiedad privada y, por otra parte, que el Código Nacional de Seguridad y Convivencia Ciudadana –Ley 1801 de 2006– prevé sanciones por la ejecución de conductas que impiden el goce y disfrute legítimo de un bien inmueble. Por lo tanto, para la Sala no era necesario que el Legislador acudiera al derecho penal, que debe ser el último recurso al que debe acudir –ultima ratio–, para cumplir con el cometido de proteger el patrimonio público y privado y, en concreto, la propiedad pública y privada".
- Finalmente, "la Sala concluye que el ordenamiento jurídico colombiano ya contemplaba medidas –penales y de policía– encaminadas a proteger el goce y disfrute sobre bienes inmuebles de naturaleza pública y privadas, razón por la cual no advierte que fuera necesario crear el tipo penal de avasallamiento de bien inmueble. Además, al revisar los antecedentes legislativos del artículo 13 de la Ley 2197 de 2022 se observa que el Legislador ni siquiera cuestionó o se refirió a la inefectividad de las medidas alternativas descritas anteriormente, como para entender por qué era necesario el nuevo tipo penal".

Si bien las razones esbozadas por el tribunal constitucional condujeron a la declaratoria de inconstitucionalidad de la disposición comentada, también es cierto que aquellas se orientaron, básicamente, a la tutela y defensa de los derechos de reunión, manifestación pública y pacífica y protesta; dejando a un lado, debido a la naturaleza de los cargos formulados en contra de la disposición normativa, el análisis y defensa de la institución posesoria que, como se ha explicado, resultaba violentada por el canon jurídico declarado inexequible.

Así pues, aunque la protección de los bienes inmuebles es un cometido que se han tranzado otros cuerpos normativos, como bien lo reconoce la Corte en la sentencia comentada, **se pasa por alto que aquella disposición no protegía, en verdad, la posesión de inmuebles con fines de usucapión**; por el contrario, lanza en ristre, atententaba contra su núcleo esencial y parecía despojarla de la investidura que le han reconocido otros estatutos jurídicos, a saber: el Código Civil, el Código General del Proceso, la Ley 1561 de 2012 y la Ley 1448 de 2011, por referir algunos ejemplos.

En suma, la norma comentada no sólo es inexquible por las razones esbozadas por el tribunal constitucional, sino porque, aunque no se haya explicitado, lesionaba una institución de innegable trascendencia social, jurídica y económica: la posesión.

CAPÍTULO III

DE LAS ACCIONES (PRETENSIONES) POSESORIAS[109]

1. DE LOS INTERDICTOS POSESORIOS

1.1. Finalidad

Los interdictos posesorios se han considerado instrumentos de imprescindible necesidad para la tutela efectiva del hecho posesorio (Troplong), no sólo para afianzar la función social que subyace de su reconocimiento, sino para garantizar, en últimas, el derecho de propiedad (Parieu), pues la defensa de la posesión, además de proteger el derecho del propietario a usar y gozar de sus bienes sin intromisiones ilegítimas, de igual manera, y en el mismo grado de importancia, protege una expectativa de derecho en

---

109 Como es sabido, los conceptos de acción y pretensión son sustancialmente diferentes. Sin embargo, por elementales razones históricas, el Código Civil no hace gala de aquella distinción. Por el contrario, tal estatuto, en varias de sus disposiciones, emplea equívocamente el concepto de acción para referirse, en rigor jurídico, a la pretensión procesal. Tal el caso, por ejemplo, de los artículos 665 y 666 que, en relación con los derechos reales y personales, establecen que de tales poderes se derivan, respectivamente, las "acciones reales" y las "acciones personales". Como se indicó, aquella calificación no es afortunada. Técnicamente, los mentados artículos se refieren a las pretensiones reales y a las pretensiones personales. Algo similar se presenta con las "acciones posesorias" y otras "acciones" reguladas en el código civil. Por lo tanto, para los efectos del presente trabajo, cuando se emplee la palabra "acción", siguiendo la terminología del Código Civil, debe entenderse como equivalente a la respectiva pretensión procesal. Para una lectura especializada del tema, véase: COUTURE, Eduardo J. Fundamentos del Derecho Procesal Civil. Tercera Edición. Buenos Aires: Depalma, 1958. p. 57-79. En el mismo sentido, y con acostumbrada claridad, ECHANDÍA, Devis. Nociones Generales de Derecho Procesal Civil. Madrid: Aguilar, 1966. P. 254-189. Cfr. VALENCIA ZEA, La posesión..., Op. Cit. P. 164. De otro lado, es necesario indicar que asuminos las acciones posesorias como un concepto amplio dentro del cual se reúnen, concretamente, los interdictos posesorios y los posesorios especiales. Si bien se respetan las tesis en contrario, se estima que no es conveniente restringir el concepto de acciones posesorias, exclusivamente, a los interdictos posesorios de conservación y de recuperación de la posesión. Y no parece ajustado hacerlo, en la medida en que los interdictos y los posesorios especiales son, ambos, mecanismos de defensa judicial del acto posesorio, es decir, son acciones o, recurriendo a una estricta terminología procesal, son pretensiones procesales que sirven para tutelar la relación posesoria.

cabeza del poseedor (no dueño) que, a futuro y aunada a la usucapión, aspira a tornarse en realidad concreta y titularidad efectiva[110]. Con razón, desde tiempos pretéritos, la Corte Suprema de Justicia puso de presente los vínculos entre las acciones posesorias y el derecho de propiedad; en tal sentido, expresó:

> "El fundamento de la protección posesoria radica en que **la posesión exterioriza la propiedad**. Síguese, entonces, que la protección de aquélla es lógico complemento de la protección de ésta, por lo cual, la acusación que recae sobre las acciones posesorias también carece de todo fundamento en cuanto éstas protegen, entre otros, al poseedor con título de dominio. Adviértase, además, cómo la protección posesoria facilita la prueba del propietario que quiere reclamar el bien del cual está privado, puesto que le evita recurrir a la prueba del dominio, brindándole así una protección más fácil y expedita, pues de no existir las acciones posesorias, aquél solamente podría asegurarla mediante la acción reivindicatoria"[111].

Y en referencia a la protección de la propiedad presunta (posesión), consideró:

> "El Fundamento de los interdictos posesorios estriba en la necesidad de proteger la propiedad, donde quiera que esta sea posible. **La posesión es el signo externo de la propiedad**. De consiguiente, quien tiene bajo su poder una cosa ejercitando sobre ella el señorío, debe ser protegido, **porque es posible que sea el dueño**. La ley **reputa dueño al poseedor**, y si otro tiene un derecho preponderante, debe demostrarlo ante los jueces. En manera alguna le será lícito invocar ese derecho preponderante –aun cuando en realidad lo sea- para cometer un acto de violencia arrojando personalmente de la cosa al poseedor"[112].

Aquellas reflexiones de la Corte Suprema de Justicia, recuerdan las preclaras ideas de Troplong sobre la relación entre la propiedad presunta y su protección mediante las acciones posesorias. En sus palabras:

> "La ley ve un cierto número de hechos de goces públicos, no interrumpidos, pacíficos, ella los ve continuar durante un año; y de esos actos reiterados y patentes, deduce que el que los ejerce es propietario. **Asimilando el poseedor anual al propietario quiere que no sea turbado hasta que se pruebe que el poseedor no es propietario**"[113].

---

110 Como bien sostiene Largamilla: "Si no existieran las acciones posesorias, los ataques contra la propiedad se harían mucho más frecuentes, contra los cuales no podría defenderse sino por medio de la peligrosa acción reivindicatoria, y por último aumentarían las vías de hecho, trayendo, como consecuencia, grave perjuicio para el orden social". LARGAMILLA, Alejandro. De las acciones posesorias. Segunda Edición. Montevideo: La bolsa de los libros, 1930. p. 63-64. No obstante la claridad del argumento, agréguese que la protección se ofrece tanto a la propiedad presunta, es decir, a aquella que ejerce el poseedor reputándose dueño mientras otra persona no justifique serlo (artículo 762 CC), como a la propiedad concreta, es decir, aquella ejercida por el titular del derecho real de dominio.

111 Corte Suprema de Justicia. Sala de Casación Civil. Sentencia No. 18 de mayo 4 de 1989. M.P. Hernando Gómez Otálora.

112 Corte Suprema de Justicia. Sala de Negocios Generales. Sentencia de junio 2 de 1943.

113 Citado por DASSEN, Julio. Acciones posesorias. Buenos Aires: Abeledo-Perrot, 1966. P. 43. Para Alessandri y Somarriva, la razón que subyace a la protección posesoria radica en la garantía de la paz social. En sus palabras: "Las acciones posesorias propiamente tales e incluso la querella de restableci-

1.2. Fundamento normativo

Habiendo resaltado la fundamentación de los interdictos posesorios, dígase que su consagración, al tenor del artículo 972 CC, se dispuso del siguiente modo:

> "Las acciones posesorias tienen por objeto conservar o recuperar la posesión de bienes raíces, o de derechos reales constituidos en ellos".

De la norma es posible derivar las siguientes ideas esenciales:

a. Naturaleza de los bienes: Repárese en el hecho de que las mentadas acciones (*rectius* interdictos posesorios) se encaminan a proteger la posesión sobre bienes raíces. En tal sentido, no ha lugar al ejercicio de tales interdictos para tutelar el hecho posesorio de los bienes muebles. Como bien lo ha señalado la doctrina[114], la posesión de los bienes muebles está protegida por las llamadas acciones policivas[115], extensibles, por supuesto, a la defensa y protección de los inmuebles. Ambos bienes, por lo tanto, están amparados por los juicios o procesos de policía[116], a cuyo conocimiento se someten las controversias que involucran inte-

---

miento encuentran su razón de ser en la paz social. Impiden que los particulares, con prescindencia de la autoridad del Estado, se hagan justicia por sí mismos y alteren, por obra de sus solos medios, la situación de hecho existente relativa a los inmuebles". ALESSANDRI RODRÍGUEZ, SOMARRIVA UNDURRAGA, Los bienes..., Op. Cit. P. 857.

114 JARAMILLO JARAMILLO y RICO PUERTA, Bienes..., Op. Cit. P. 87

115 Al respecto, establecía el derogado Código Nacional de Policía en su artículo 125: "La Policía solo puede intervenir para evitar que se perturbe el derecho de posesión o mera tenencia que alguien tenga sobre un bien, y en el caso de que se haya violado ese derecho, para restablecer y preservar la situación que existía en el momento en que se produjo la perturbación". En el mismo sentido, y como bien lo confirma la sentencia C-241 de 2010, la jurisprudencia constitucional, en sede de tutela, ha aceptado "de manera reiterada la existencia de tres tipos de acciones policivas en materia de protección de bienes: **i.** la acción policiva de lanzamiento por ocupación de hecho de que trata el artículo 15 de la Ley 57 de 1905; **ii.** La acción policiva por perturbación de la posesión y la tenencia que regula el artículo 125 y siguientes del Código Nacional de Policía –actualmente, contenida en los artículos 76-82 L. 1801 de 2016 (normas consagratorias de las acciones de protección de los inmuebles)-, **iii.** La acción especial de amparo al domicilio consagrada en el artículo 85 del Código Nacional de Policía" –actualmente, contenida en el artículo 82 L. 1801 de 2016.

116 Tales juicios de policía se subdividen en dos categorías: (ii) Amparo policivo por comportamientos contrarios a la propiedad, mera tenencia y servidumbre, y (ii) amparo policivo del derecho a la protección del domicilio. Estos juicios de policía se diferencian de los llamados juicios o proceso administrativos de policía, a cuyo conocimiento se someten las controversias que involucran intereses de orden general y colectivo y, por lo mismo, trascienden la esfera estrictamente particular o privada. A diferencia de los primeros, la decisión adoptada **no tiene alcance judicial y, por lo tanto, es susceptible de controvertirse ante la jurisdicción contencioso-administrativa**. En otras palabras, en estos procesos, la autoridad de policía profiere un **acto administrativo**, susceptible de ser controvertido judicialmente en ejercicio del medio de control de nulidad y restablecimiento del derecho. Tales juicios comprenden varias categorías, a saber: (i) Proceso policivo por comportamientos contrarios

reses privados o particulares, relativas a la protección de derechos reales o a la defensa de la posesión y tenencia sobre bienes de esa condición. Estos procesos, en la normativa actual, están contenidos en el Título VI, De la protección de bienes inmuebles, arts. 76-82 de la L. 1801 de 2016.

En tales casos, si bien la decisión es adoptada por una autoridad administrativa (inspectores de policía), tiene alcance judicial y, por lo tanto, no es susceptible de controvertirse ante la jurisdicción contencioso-administrativa. En ese sentido, por tratarse de una decisión judicial, la misma hace tránsito a cosa juzgada formal, pudiendo debatirse el asunto ante el juez ordinario competente (jurisdicción civil). La decisión adoptada, en consecuencia, se asimila a una sentencia o, en palabras del Consejo de Estado (sentencia del 20 de agosto de 1976), es un acto parajurisdiccional. En fin, la decisión adoptada en el marco de estos procesos tiene control jerárquico (art. 223-4 L. 1801 de 2016), pero no jurisdiccional. De allí, la excepcional procedencia de la tutela como medio de protección subsidiario y en aras de evitar un perjuicio mayor.

No obstante la claridad del precepto normativo (art. 972 CC), es preciso observar que no existe razón para reservar el ejercicio de los mentados interdictos a la protección posesoria de bienes inmuebles. En su momento, posiblemente razones de índole histórica, justificaron la diferencia de régimen entre bienes muebles e inmuebles en lo concerniente a los interdictos posesorios[117]. Al respecto, explica el profesor Arturo Valencia Zea:

> "Únicamente los poseedores de bienes inmuebles pueden ejercer las acciones posesorias, y no los poseedores de cosas muebles. ¿Cuál es la razón de esta limitación del campo normal de las acciones posesorias? Bello siguió sobre el particular el sistema francés, que sólo otorga las acciones posesorias a los poseedores de inmuebles. Algunos expositores franceses advierten que las acciones posesorias no son necesarias para proteger la posesión de cosas muebles, pues, conforme a la máxima francesa *en fait de meubles possession vaut titre* (la posesión de cosas muebles equivale a la propiedad), el poseedor de cosas muebles es propietario"[118].

Le asiste razón al maestro Valencia Zea cuando observa, luego de exponer las razones históricas de aquella reducción del campo de acción de las acciones posesorias, que aquellas consideraciones de la doctrina francesa son, cuando menos, equívocas. No es coherente mantener aquella presunción de propiedad de los bienes muebles en los

---

al uso del espacio público; (ii) proceso policivo por comportamientos contrarios a la integridad urbanística, y (iii) proceso policivo por comportamientos contrarios que afectan la actividad económica.

117 Diferencias que aún se mantienen como recuerdo de aquel régimen clásico que confería menor importancia a la propiedad mobiliaria, tal el caso, por ejemplo, de la lesión enorme en los contratos de compraventa. Este instituto, en el régimen privado colombiano, sólo procede en consideración a los contratos de venta que tengan por objeto bienes inmuebles (art. 1949 CC), aspecto que merece una imperiosa revisión en los tiempos actuales.

118 VALENCIA ZEA, Arturo y ORTIZ MONSALVE, Álvaro. Derecho Civil. Tomo II. Derechos Reales. Undécima edición. Bogotá: Temis. P. 90.

CABEZA	PIE	LATERALES	MEDIANA	MEDIDA AL PRIMER HENDIDO DEL LOMO
5 mm	8 mm	8 mm	172,4 mm	166,5 mm

DATOS ENTREGA

eventos en que su titular ha sido despojado violentamente de la posesión o, simplemente, cuando ignora el paradero de la cosa mueble por haberla perdido involuntariamente. Por lo explicado, no es excesivo pensar que aquella diferencia entre muebles e inmuebles, en cuanto a la protección posesoria se refiere, es producto de aquel debilitado pensamiento que consideraba a los bienes muebles objetos de menor consideración económica, al punto se sostenerse: "*res mobilis, res vilis*"[119].

Por lo tanto, actualmente, no se encuentran motivos que permitan seguir sosteniendo aquella diferencia radical, al punto de concederse, exclusivamente, a los bienes muebles acciones de tipo administrativo o policivo y, a los inmuebles, acciones de carácter jurisdiccional (interdictos posesorios). Convendría, entonces, revisar aquella distinción inicua, siguiendo al efecto normativas recientes como la argentina, que, en su Código Civil y Comercial de la Nación, establece:

> **ARTÍCULO 2238**.-Finalidad de las acciones posesorias y lesiones que las habilitan. Las acciones posesorias según haya turbación o desapoderamiento, tienen por **finalidad mantener o recuperar el objeto sobre el que se tiene una relación de poder**. Se otorgan ante actos materiales, producidos o de inminente producción, ejecutados con intención de tomar la posesión, contra la voluntad del poseedor o tenedor.
>
> Hay turbación cuando de los actos no resulta una exclusión absoluta del poseedor o del tenedor. Hay desapoderamiento cuando los actos tienen el efecto de excluir absolutamente al poseedor o al tenedor.
>
> La acción es posesoria si los hechos causan por su naturaleza el desapoderamiento o la turbación de la posesión, aunque el demandado pretenda que no impugna la posesión del actor.
>
> Los actos ejecutados sin intención de hacerse poseedor no deben ser juzgados como acción posesoria sino como acción de daños.

Y, en el mismo sentido, preceptúa:

---

119 En comparación con nuestra codificación civil, se advierte que fue más generoso el derecho romano al admitir la procedencia de los interdictos posesorios para proteger tanto a bienes muebles como inmuebles. Así, el derecho romano reconoció los interdictos *retinendae possessionis* –para conservar la posesión- y los *recuperandae possessionis* –para recuperar la posesión perdida. Los primeros, a su vez, se desglosaron en dos figuras: el *uti possidetis* (palabras pronunciadas por el magistrado: *uti possidetis, ita possideatis*, es decir, "como habéis poseído, así poseeréis"), encaminados a proteger los bienes inmuebles, y el *interdictum utrubi*, encaminado a proteger la posesión de bienes muebles (fundamentalmente, para conservar la posesión de los esclavos). Así mismo, los interdictos de recuperación se desglosaron en dos institutos más: el mentado *interdictum utrubi* para el caso de los bienes muebles, y el interdicto *unde vi*, orientado a la recuperación de los bienes inmuebles cuando su poseedor había sido despojado violentamente del mismo. Cfr. DASSEN, Acciones..., Op. Cit. P. 50. "Y cuando el derecho de posesión se hizo extensivo a las servidumbres por medio de la **quasi posesión**, se creó el interdicto de **itinere actuque privato**, que no era otra cosa que una acción posesoria para las servidumbres". LARGAMILLA, De las acciones..., Op. Cit. P. 17.

ARTÍCULO 2245.-Legitimación. Corresponden las acciones posesorias a **los poseedores de cosas, universalidades de hecho o partes materiales de una cosa.**

Cualquiera de los coposeedores puede ejercer las acciones posesorias contra terceros sin el concurso de los otros, y también contra éstos, si lo excluyen o turban en el ejercicio de la posesión común. No proceden estas acciones cuando la cuestión entre coposeedores sólo se refiere a la extensión mayor o menor de cada parte.

Los tenedores pueden ejercer las acciones posesorias por hechos producidos contra el poseedor y pedir que éste sea reintegrado en la posesión, y si no quiere recibir la cosa, quedan facultados para tomarla directamente.

Nótese que la norma en referencia extiende el ámbito de los interdictos posesorios a la defensa de los bienes muebles e inmuebles, aspecto que, de tiempo atrás, había sido una solicitud constante de la doctrina argentina y, en algunos casos, un asunto de controversia en los tribunales de justicia. Al respecto, el Prof. Luis Moisset de Espanés, glosa aquella específica situación haciendo mención de una decisión judicial en la que se admitió un interdicto posesorio para defender la posesión de bienes muebles. En sus palabras:

> "Nuestro Código civil reducía la protección posesoria a las cosas inmuebles, expresando en la nota al artículo 2488 que "respecto a los muebles no puede haber acción posesoria desde que la posesión de ellos vale por título: siempre será indispensable entablar acción de dominio".
>
> (...)
>
> La especie resuelta por el Tribunal santafesino presenta particular interés ya que nos suministra un ejemplo claro de acción posesoria en materia de cosas muebles, a lo que debe sumarse que se trata de un caso en que no ha mediado "desposesión", sino meramente "turbación"[120].

Y, en referencia al caso concreto, comenta:

> "Este caso nos muestra que la vida real suministra ejemplos que a veces los teóricos no se animan a imaginar en su gabinete, o aluden a ellos como hipótesis de escasísimo interés; así Guillermo ALLENDE, parafraseando a Ihering, decía: "Cuán insignificante es, en verdad, el interés de la protección posesoria de las cosas muebles ante el de las inmuebles. Que se pregunte, si no, dónde se manifiesta ese interés. Jamás he oído hablar de un proceso posesorio sobre cosas muebles..." ("La posesión", Abeledo-Perrot, Buenos Aires, 1959, p. 162 y ss.)"[121].

120 MOISSET de ESPANÉS, Luis. COSAS MUEBLES. Acciones posesorias (turbación). En línea: http://www.faudi.unc.edu.ar/acaderc/doctrina/articulos/cosas-muebles.-acciones-posesorias-turbacion. Fecha de consulta: 12/04/2016.

121 Ibíd.

Lo anterior, conlleva a sugerir, en nuestro régimen jurídico, la procedencia de los interdictos posesorios para defender la posesión de los bienes muebles, pues, como se expuso, bien pueden configurarse eventos de perturbación o despojo de la posesión mobiliaria que, en razón de un estrecho marco legislativo, deben atenderse mediante el ejercicio, varias veces inocuo, de las acciones administrativas o policivas[122].

b. Alcance de la protección: De otro lado, la norma es clara en advertir que son acciones que protegen la posesión material, independientemente de que sea ejercida por el dueño como trasunto de sus facultades materiales, o por el poseedor que, no siendo dueño, aspira adquirir el derecho de propiedad por vía de la usucapión.

c. Tipologías: Finalmente, se infiere de la norma el que los interdictos posesorios se encaminan a proteger la posesión en dos sentidos: conservándola, cuando quiera que ha sido objeto de actos de molestia, perturbación o incomodidad; o recuperándola, en los eventos en que el poseedor ha sido injustamente privado (despojado) de la misma con ocasión de actos violentos. Al respecto, ha expresado la Corte Constitucional:

> "Uno de los principales efectos de la posesión es la legitimación del poseedor para obtener por vía judicial la protección de su condición. Entre los mecanismos con los que cuenta, es el principal el ejercicio de las llamadas acciones posesorias. Estas, tienen por objeto conservar o recuperar la posesión de bienes raíces, o de derechos reales constituidos en ellos. Son, pues, acciones judiciales de carácter civil entabladas ante la jurisdicción ordinaria por el poseedor de bienes raíces o de derechos reales constituidos sobre ellos, por causa de perturbaciones o despojos de la posesión material"[123].

---

122 Justamente, sobre la necesidad de reconocer la procedencia de los interdictos posesorios para proteger la posesión de cosas muebles, sostuvo Valencia Zea: "En este aspecto, tanto el Código Francés como el colombiano incurren en grave error al no otorgar las acciones posesorias a los poseedores de cosas muebles; más este vacío se corrige en la práctica con las acciones penales y de policía". VALENCIA ZEA y ORTIZ MONSALVE. Derecho Civil..., Op. Cit. p. 90. La necesidad de reconocer la procedencia de los interdictos para proteger la posesión de los bienes muebles, se hace más evidente en el hecho de que legislaciones más recientes no establecen diferencias en tal sentido en razón a la naturaleza de los bienes. Así, legislaciones civiles como la alemana (§861 y §862), la brasileña (art. 1210) y la suiza (artículos 927 y 928). Por su parte, el Código Civil Italiano reconoce el interdicto de recuperación *-Azione di reintegrazione-* para toda clase de bienes (art. 1168), pero sólo admite el de conservación *-Azione di manutenzione-* para proteger la posesión de bienes inmuebles, de derechos reales constituidos sobre ellos o de una universalidad de cosas muebles (art. 1170). Por lo expuesto, convendría acoger la propuesta de extender los mentados interdictos a la posesión de bienes muebles, del modo en que fue consignado por el Prof. Valencia Zea en el artículo 190 del Código de Derecho Privado para Colombia, así: "La demanda de protección posesoria tiene por objeto conservar o recuperar la posesión en nombre propio o en nombre ajeno que se tenga sobre una **cosa mueble o inmueble**". VALENCIA ZEA, La posesión..., Op. Cit. P. 275.

123 Sentencia T-751 de 2004. M.P. Jaime Araujo Rentería.

1.3. Características

En complemento de lo anterior, resáltese como características esenciales de los interdictos posesorios, las siguientes:

1.3.1. Naturaleza real[124]

Como bien lo establece el artículo 972 CC, los interdictos posesorios protegen la posesión de bienes inmuebles o de derechos reales constituidos en ellos. Con fundamento en lo anterior, se ha considerado que tales interdictos tienen carácter real, pues, al estar encaminados a proteger la posesión derivada del ejercicio de los derechos reales, se han calificado como acciones de esa especial condición, en armonía con lo previsto en el inciso segundo del art. 665 CC[125]. Y, en el caso de la posesión sin dominio, se les ha considerado reales en virtud de la relación material establecida entre la cosa y el poseedor o, como dicen Alessandri y Somarriva, "tal vez porque, al igual que éstas, protegen una situación directa sobre las cosas y se pueden hacer valer contra cualquiera persona que perturbe o viole la situación existente"[126].

1.3.2. Naturaleza inmobiliaria:

Como se indicó en líneas anteriores, los interdictos posesorios protegen la posesión sobre bienes inmuebles. La posesión de los bienes muebles, al estar excluidos por expresa disposición legislativa, debe ampararse mediante el ejercicio de acciones administrativas o policivas. Esta característica resulta de aquella ficción legal que hace el legislador,

---

124 No obstante, no ignoramos que se trata de una característica sumamente discutida. Al respecto, sostienen Alessandri y Somarriva: "Los que como Pothier hacen nacer las acciones posesorias de un delito o cuasidelito civil, concluyen que dichas acciones son de naturaleza personal. Otros piensan que en los ordenamientos jurídicos como el chileno, en que la posesión es un simple hecho, las acciones posesorias, en rigor, no pueden calificarse de reales ni personales, porque no nacen de ninguna de esa clase de derechos; tutelan un simple hecho, la posesión. Prevalece, sin embargo, **la tendencia de catalogarlas dentro de las acciones reales**, tal vez porque, al igual que éstas, protegen una situación directa sobre las cosas y se pueden hacer valer contra cualquiera persona que perturbe o viole la situación existente, o, como dice Hébraud, porque tienen carácter real las relaciones jurídicas con ocasión de las cuales proceden dichas acciones posesorias". ALESSANDRI RODRÍGUEZ, SOMARRIVA UNDURRAGA, Los bienes..., Op. Cit. P. 860.

125 Derecho real es el que tenemos sobre una cosa sin respecto a determinada persona.
Son derechos reales el de dominio, el de herencia, los de usufructo, uso o habitación, los de servidumbres activas, el de prenda y el de hipoteca. De estos derechos nacen las acciones reales.

126 ALESSANDRI RODRÍGUEZ, SOMARRIVA UNDURRAGA, Los bienes..., Op. Cit. P. 860.

en el sentido de reducir a bienes muebles o inmuebles los derechos y las acciones, según la cosa en que han de ejercerse o que se debe[127].

1.4. Requisitos

1.4.1. Alcance de la protección

Con el ejercicio de los interdictos posesorios no se discute la titularidad de derecho alguno; antes bien, como su nombre lo sugiere, se encaminan a tutelar el hecho posesorio y, en esa medida, es indispensable acreditar la tenencia cualificada que se ejerce sobre el bien inmueble. Al respecto, preceptúa el artículo 979 CC:

> En los juicios posesorios no se tomará en cuenta el dominio que por una o por otra parte se alegue.
>
> Podrán con todo, exhibirse títulos de dominio para comprobar la posesión, pero sólo aquellos cuya existencia pueda probarse sumariamente; ni valdrá objetar contra ellos otros vicios o defectos que los que puedan probarse de la misma manera.[128].

En ese orden de ideas, el ejercicio de los interdictos posesorios supone, para el interesado, la carga procesal de probar que ha desplegado actos materiales de señorío sobre el bien, es decir, con la suficiente significación para estructurar su posesión material[129]. Al respecto, ha precisado el Consejo de Estado:

> "Las acciones posesorias protegen el stato quo, el señorío de los hechos, no se ocupan de definir la titularidad jurídica y el proceso que adelantan, así como las autoridades que conocen de ellas, son de naturaleza administrativa o policiva y jurisdiccional. En este último

---

127 Establece el artículo 667 CC: "Los derechos y acciones se reputan bienes muebles o inmuebles, según lo sea la cosa en que han de ejercerse o que se debe".

128 Consejo de Estado. Sala de Consulta y Servicio Civil. Sentencia de marzo 26 de 2014. M.P. Álvaro Namén Vargas.

129 Con acierto, preceptúa el artículo 981 CC: "Se deberá probar la posesión del suelo por hechos positivos de aquellos a que sólo da derecho el dominio, como el corte de maderas, la construcción de edificios, la de cerramientos, las plantaciones o sementeras, y otros de igual significación, ejecutados sin el consentimiento del que disputa la posesión". En el mismo sentido, establece el artículo 167-1 del CGP: "Incumbe a las partes probar el supuesto de hecho de las normas que consagran el efecto jurídico que ellas persiguen". No obstante lo anterior, en el contexto de la acción de dominio (reivindicatoria) y respecto del alcance probatorio de la confesión en materia posesoria, ha observado la Sala Civil de la Corte Suprema de Justicia: "(...) si con ocasión de la acción reivindicatoria el demandado confiesa ser poseedor del bien perseguido por el demandante o alega la prescripción adquisitiva respecto de él, esa confesión apareja dos consecuencias probatorias: a) el demandante queda exonerado de demostrar la posesión y la identidad del bien, porque el primer elemento resulta confesado y el segundo admitido, b) el juzgador queda relevado de analizar otras probanzas tendientes a demostrar la posesión. (CSJ SC 003 de 14 mar. 1997, reiterada en SC 14 dic. 2000 y SC. 12 de diciembre de 2001, entre otras). Sentencia del 10 de febrero de 2020. M.P Octavio Tejeiro Duque.

caso, corresponde a aquellas incorporadas en el Código Civil, es decir, el interdicto de conservación o amparo, el de recuperación, la querella de restablecimiento y las acciones posesorias especiales de denuncia de obra nueva y denuncia de obra ruinosa"[130].

Ahora bien, en aras de claridad, debe dejarse establecido que los interdictos posesorios no sólo protegen la posesión que se ejerce en nombre propio, sino también la que se cumple por intermedio de un representante ("posesión en nombre ajeno o posesión por otro"). En otras palabras, pueden servirse de los interdictos el poseedor afectado y, en los eventos en los que la posesión no sea ejercida personalmente por el interesado, puede instaurarlos el mero tenedor que actúa como servidor o representante del poseedor. Justamente, es esa la razón subyacente a lo establecido por el artículo 978 CC:

> El usufructuario, el usuario y el que tiene derecho de habitación son hábiles para ejercer por sí las acciones y excepciones posesorias dirigidas a conservar o recuperar el goce de sus respectivos derechos, aun contra el propietario mismo. El propietario es obligado a auxiliarlos contra todo turbador o usurpador extraño, siendo requerido al efecto[131].

1.4.2. Objeto de protección

De una lectura sistemática de los artículos 762, 972, 2512, 2518 y 2519 CC, es posible inferir los requisitos esenciales que debe reunir el objeto de protección de los interdictos posesorios, a saber:

- **Deben versar sobre bienes inmuebles:** La norma emplea la expresión "bienes raíces" en un sentido amplio, es decir, el objeto de los mentados interdictos puede dirigirse a la defensa de bienes inmuebles por naturaleza, por adhesión o por destinación. Por lo tanto, esta protección se extiende al poseedor de bienes raíces, al propietario que ejerce posesión inmobiliaria y, conforme lo expresado en líneas anteriores, a los demás titulares de derechos reales constituidos sobre bienes inmuebles (art. 978 CC).
- **Deben versar sobre bienes comerciables:** Los bienes inmuebles susceptibles de protección mediante los interdictos posesorios, deben estar dentro del comercio humano (art. 2518 CC), es decir, deben ser susceptibles de relaciones jurídicas de derecho privado.

---

130 Consejo de Estado. Sala de Consulta y Servicio Civil. Sentencia de marzo 26 de 2014. M.P. Álvaro Namén Vargas.

131 A propósito de la mentada protección, bien pueden rastrearse sus antecedentes en el derecho romano: "Los propietarios del derecho de servidumbres personales, como los usufructuarios, también estaban amparados por los interdictos, pues si bien se les desconocía una verdadera posesión, ya que sólo gozaban de una mera posesión natural y corporal sin **animus possidendi**, no obstante, se les acordaban los interdictos creados para las servidumbres reales, **por la analogía estrecha que existía entre ellos y los verdaderos poseedores**". LARGAMILLA, De las acciones... Op. Cit. P. 17.

Por su estrecha relación con tal exigencia, conviene analizar un tópico que ha generado inquietud en materia procesal y sustancial: la posibilidad de usucapir bienes sujetos a registro que se encuentran embargados por decreto judicial. Lo anterior es problemático si se estima que los bienes embargados son cosas incomerciables, pues, en tal caso, no procedería la declaración de pertenencia respecto a ellos; por el contrario, si se asume que, pese a estar embargados, son bienes comerciables, nada obsta para adquirirlos por vía de prescripción adquisitiva.

El problema pareciera diluirse a partir de una lectura detenida de los numerales 1 y 3 del artículo 1521 CC. En efecto, mientras el numeral 1 de la norma citada dispone que existe objeto ilícito en la enajenación de aquellas "cosas que no están en el comercio"; el numeral 3, por su parte, consagra que también lo habrá en la enajenación de las cosas embargadas por decreto judicial. Se infiere, con claridad, el que las cosas embargadas, por estarlo, no son bienes incomerciables; en otras palabras, si las cosas embargadas estuvieren por fuera del comercio, en nada se habría justificado una regulación de tales bienes en numerales diferentes.

En consecuencia, "cuando una cosa está embargada, obviamente su enajenación queda viciada de objeto ilícito, pero no por razón de que no esté en el comercio humano, que es la situación que de acuerdo con lo previsto en el artículo 2518 del Código Civil impediría obtener la usucapión de un bien. Dicho de otra manera, adquirir por la vía de la prescripción un bien sujeto a registro que está embargado, no implica adquisición de una cosa que esté fuera del comercio humano, en los términos restrictivos del artículo 2518 del Código Civil"[132].

En mérito de lo expuesto, el embargo de un bien sometido a registro no impide su posesión ni su posterior declaración de pertenencia; pues tal medida cautelar, como se ha expresado, no afecta su comerciabilidad sino su alienabilidad, es decir, impide su enajenación mientras ésta no sea autorizada por el juez o por los acreedores[133].

---

132 BEJARANO GUZMÁN, Procesos declarativos..., Op. Cit. P. 63.

133 Dada la relación con el tema abordado, nos permitimos exponer la recienre rectificación jurisprudencial de la Corte Suprema de Justicia, Sala Civil, en relación con la enajenación de bienes embargados. Al respecto, observó el alto tribunal: "No se presenta nulidad absoluta por objeto ilícito, cuando en la escritura de compraventa se dispone que, al momento de llevarse a cabo la tradición -mediante su registro- se procederá a inscribir las órdenes de levantamiento de la cautela. Los contratantes pueden convenir la venta del bien mientras se encuentra embargado, siempre que se fije un plazo o modo para que dicha limitación se levante antes efectuarse su tradición; o se pacte la condición de conseguir la autorización del juez o el acreedor. Interpretación de la expresión «salvo que el juez lo autorice o el acreedor consienta en ello», del numeral 3o del artículo 1521 del Código Civil. En la hipótesis de faltar el referido consentimiento, la Corte -en diversas épocas- ha proferido determinaciones encontradas acerca de acoger o no la nulidad de la venta de cosas embargadas, en particular, de los inmuebles. La posición imperante es la de negarse admitir la validez de la venta de cosas embargadas por tratarse de objeto ilícito, surgida a partir de la sentencia de 14 de diciembre de 1976. (SC041-2022; 09/02/2022)".

- **Deben ser bienes ajenos a la titularidad estatal:** Los bienes de titularidad estatal no se prescriben en ningún caso (art. 2519 CC). En ese sentido, si tales bienes no pueden ser susceptibles de usucapión, menos aún podrán defenderse mediante el ejercicio de interdictos posesorios de conservación o recuperación. Son, en suma, bienes incomerciables, inalienables e imprescriptibles (arts. 63 C.P y 375-4 CGP)[134].
- **Deben ser bienes determinados:** Es una exigencia natural y obvia. En consecuencia, debe existir identidad jurídica y material entre el inmueble objeto de protección y aquel sobre el que se ejerce efectiva posesión. Para tal efecto, debe tenerse presente lo previsto en la normativa procesal vigente (Código General del Proceso) sobre los criterios de identificación de los bienes inmuebles, a saber:

> Artículo 83 (CGP). Requisitos adicionales. Las demandas que versen sobre bienes inmuebles los especificarán por su **ubicación, linderos actuales, nomenclaturas y demás circunstancias que los identifiquen.** No se exigirá transcripción de linderos cuando estos se encuentren contenidos en alguno de los documentos anexos a la demanda.
>
> Cuando la demanda verse sobre predios rurales, el demandante deberá indicar **su localización, los colindantes actuales y el nombre con que se conoce el predio en la región.**
>
> Las que recaigan sobre bienes muebles los determinarán por su cantidad, calidad, peso o medida, o los identificarán, según fuere el caso.
>
> En los procesos declarativos en que se persiga, directa o indirectamente, una universalidad de bienes o una parte de ella, bastará que se reclamen en general los bienes que la integran o la parte o cuota que se pretenda.
>
> En las demandas en que se pidan medidas cautelares se determinarán las personas o los bienes objeto de ellas, así como el lugar donde se encuentran.

- **Deben ser bienes corporales[135] y presentes:** Notas esenciales que se infieren de los requisitos expuestos. La corporalidad es una exigencia derivada del art.

---

[134] Igual consideración debe hacerse de las servidumbres discontinuas e inaparentes que, al tenor del artículo 973 CC, no son susceptibles de protegerse por vía de interdictos posesorios. Al efecto, téngase presente las situaciones excepcionales en las que es posible usucapir bienes de tal condición y, concretamente, bienes fiscales por naturaleza, a saber: a) Cuando la posesión del reclamante se inició y consumó antes del 1° de julio de 1971, fecha en la cual entró a regir el artículo 413 (hoy 407), numeral 4°, del Código de Procedimiento Civil, y b) cuando el señorío del promotor de la pertenencia se consuma durante la vigencia del precepto citado, pero antes de la fecha en que la entidad de derecho público se convierta en propietaria del bien (Corte Suprema de Justicia, Sala Civil, sentencias del 6 de octubre de 2009, radicado 2003-00205-01 y SC3934 de 2020).

[135] Esta exigencia contrasta con las previsiones del artículo 776 CC, que dispone: "La posesión de las cosas incorporales es susceptible de las mismas calidades y vicios que la posesión de una cosa corporal". Esta

2518 CC ("se gana por prescripción el dominio de los bienes corporales"), es decir, el bien objeto de protección debe ser susceptible de percepción sensorial, amén de tener entidad material para desplegar los actos constitutivos de posesión. Y debe ser presente como presupuesto indispensable para concretar el elemento material de la posesión: el *corpus*. En otras palabras, se desnaturalizaría la posesión, carecería de objeto de tutela, si se permitiera la protección posesoria de bienes futuros, aspecto que, además, contradice la lógica y el cabal entendimiento de la posesión y de sus medios de protección.

1.4.3. Tiempo de posesión

De conformidad con el art. 974 CC, sólo podrá instaurar acción posesoria el que ha estado en posesión **tranquila e ininterrumpida** un año completo. Por lo tanto, no podrán valerse de los interdictos posesorios:

- En primer lugar, los poseedores que han ejercido posesión violenta o clandestina, es decir, cuya posesión es viciosa o ilegítima. En este sentido nuestro ordenamiento jurídico sigue el sistema francés y se distancia del romano. En el derecho romano, a diferencia del francés, bastaba acreditar "la posesión actual del bien

norma, alusiva a la llamada "posesión de derechos (*iuris possessio*)" o "cuasi-posesión", no se relaciona, en rigor jurídico, con la posesión material de que trata el artículo 762 CC. Como bien ha explicado la doctrina, "los juristas romanos refirieron la posesión al ejercicio del derecho de propiedad. Pero, como en relación con el ejercicio de los derechos reales desmembrados de la propiedad se daba igualmente el ejercicio de un poder de hecho sobre las cosas, dichos poderes recibieron la denominación de *quasi possessio*". VALENCIA ZEA, La posesión..., Op. Cit. P. 48. Posteriormente, y por obra de Pothier, la cuasiposesión no se contuvo al ejercicio de los derechos reales desmembrados del dominio -como en el derecho romano-, haciéndose extensiva, además, al ejercicio de todos los derechos patrimoniales. Por lo tanto, en su concepto, mientras la posesión tendría por objeto bienes corporales, la cuasiposesión tendría por objeto los derechos o bienes incorporales. Como puede advertirse, la cuasiposesión, antes que un poder de hecho sobre las cosas, se identifica con el efectivo ejercicio de un derecho patrimonial y, por serlo, "la doctrina moderna rechaza una teoría de la posesión de derechos, para conservar la idea primitiva de que la posesión se ha traducido siempre, y se traduce hoy en día, en un *poder de hecho sobre una cosa*". Ibíd. P. 50-51. Por lo tanto, "una conclusión definitiva del derecho civil moderno es la de que únicamente las relaciones materiales que el hombre establece con las cosas de la naturaleza, constituyen posesión. El ejercicio de derechos que no impliquen un "poder de hecho sobre una cosa", no engendra una relación jurídico material con la naturaleza; no pueden estar protegidos dichos poderes con las acciones que protegen la posesión de cosas: acción de recuperación y de conservación". Ibíd. p. 51. Similares consideraciones puede hacerse de otras figuras que, si bien se denominan posesión, no se relacionan con el poder de hecho consagrado en el artículo 762 CC, a saber: la posesión legal de la herencia (arts. 757 y 783 CC), la posesión efectiva de la herencia (figura consagrada en los artículos 757 y 766 CC, posteriormente derogada por el literal c) del artículo 626 del CGP), la posesión definitiva de la herencia (figura que coincide con la efectiva titularidad, luego de la adjudicación de los bienes que integraban la masa herencial) y la posesión notoria del estado civil (arts. 396-399 CC).

en el momento de la contestación o en el momento de la **dejectio**"[136], esto es, no se exigía que la posesión del accionante estuviese provista de legitimidad o se hubiese ejercido sin violencia o clandestinidad.

- Y, en segundo lugar, los poseedores cuyo tiempo de posesión sea inferior a un año carecen de tales mecanismos de protección. Tratando de hallar sustentación a aquella exigencia que es propia del derecho francés, Henrion de Pensey, citado por Largamilla, "cree que el origen de la posesión anual se remonta a una disposición de la Ley Sálica, en virtud de la cual el extranjero que se había establecido sobre una tierra común formando parte de lo que entonces se llamaba **villa**, era considerado como habitante, siempre que alguno de los antiguos moradores del mismo fundo no hubiese solicitado su expulsión dentro del año de su ingreso a la villa"[137].

Ahora bien, lo anterior no significa que el poseedor que no acredite posesión anual carece de toda protección. En tal evento, aún existe una alternativa para defender sus intereses:

a. En primer lugar, el poseedor puede sumar a su posesión, el tiempo de posesión de sus antecesores. Esta figura está consagrada a tenor de los artículos 778 y 2521 CC. Para tal efecto, es necesaria la configuración de sendos requisitos, a saber[138]:

- La existencia de un vínculo jurídico, es decir, de un nexo que ligue las diferentes posesiones sucesivas[139]. El vínculo puede devenir de un acto entre vivos, esto es, de un

136 LARGAMILLA, De las acciones..., Op. Cit. P. 25-26.

137 Ibíd. P. 28. Una explicación diferente ofrece Troplong, Ibíd.

138 Al respecto, ver: VELÁSQUEZ JARAMILLO, Bienes..., Op. Cit. P. 174-184. Y, concretamente, respecto de la mentada institución como medio para facilitar el ejercicio de interdictos posesorios, ha señalado la doctrina: "El poseedor que ha iniciado su posesión con base en un título válido, podrá iniciar acciones posesorias tanto conservativas como de recuperación, cualquiera sea su tiempo de posesión, pero cuando éste es inferior a un año, deberá completarlo agregando a su tiempo de posesión el tiempo de su antecesor o antecesores". JARAMILLO JARAMILLO, Fernando y RICO PUERTA, Luis Alonso. Derecho Civil Bienes. Posesión y prescripción adquisitiva. Tomo II. Bogotá: Leyer, 2005. P. 296.

139 Sobre la exigencia de un vínculo jurídico, ha expresado la Corte Suprema de Justicia: "En lo que toca con el primero de los presupuestos antes enunciados, ha sostenido de manera uniforme y reiterada la doctrina de la Corte, que el prescribiente, cuando acude a la institución de la suma de posesiones para completar el tiempo requerido por la ley, debe establecer que tiene **la calidad de sucesor, a título universal o singular**, de la persona o personas a quienes señala como antecesores en su posesión, esto es, le corresponde demostrar "la manera como pasó a él la posesión anterior, para que de esta suerte quede establecida la serie o cadena de posesiones, hasta el tiempo requerido. Y generalizando, se puede afirmar que el prescribiente que junta a su posesión la de los antecesores, ha de demostrar la serie de tales posesiones, mediante la prueba de los respectivos traspasos, pues de lo contrario, quedarían sueltos y desvinculados los varios lapsos de posesión material". Corte Suprema de Justicia. Sala de Casación Civil. Sentencia del 12 de diciembre de 1979. Magistrado Ponente: Alberto Ospina Botero.

título con o sin vocación traslaticia, cual el caso de la venta, donación, promesa[140] o cesión de los derechos, mejoras y acciones que se han radicado en cabeza del poseedor ("venta de la posesión")[141]; o puede tener origen en el hecho de la muerte y de la posterior sucesión en los derechos adquiridos por el poseedor fallecido[142].

---

140 Es preciso aclarar que la promesa de compraventa puede servir de vínculo jurídico para efectos de sumar o agregar tiempo de posesión, pero sólo cuando el contrato no haya sido celebrado por el propietario del bien, en calidad de promitente vendedor. Por lo tanto, si el actual poseedor, quien ostenta la calidad de promitente comprador, pretende sumar el tiempo de posesión del antiguo poseedor (es decir, del promitente comprador), tal posibilidad le está plenamente prohibida, pues, en virtud del contrato de promesa, el promitente comprador reconoce dominio ajeno en el promitente vendedor y, por lo mismo, no sería razonable que, *a posteriori*, se beneficie del contrato de promesa para sumar el tiempo de posesión del dueño; fundándose en el mismo vínculo jurídico, llamándose poseedor y pretendiendo desconocer esa titularidad que reconoció al celebrar el respectivo contrato, todo con la finalidad de adquirir el bien por vía de usucapión. En palabras de la Corte Suprema de Justicia: "Por regla general, quien obrando como propietario pleno celebra promesa de contrato en esas condiciones, sigue conservando el derecho de dominio; apenas contrae obligación de hacer, esto es, la de celebrar el contrato prometido, pero no ejecuta la tradición, tampoco la promesa envuelve la ejecución de una obligación de dar el derecho de dominio, simplemente apareja la de celebrar el contrato; apenas entrega la tenencia mas no la posesión de quien es dueño. Ni aun señalando que transfiere la posesión material al prometiente comprador y asentando que desde ese momento lo torna poseedor, puede éste reclamar la adjunción de esas posesiones porque el solo el hecho de demandar el derecho de dominio a su favor implica psíquica y conceptualmente combatir abiertamente al *verus domini*, y esta confrontación significa la ruptura automática y de pleno derecho del consentimiento que supone el negocio jurídico, y por supuesto, del conector, como elemento estructural de la suma de posesiones para que esta resulte válida. Esto es así, por cuanto el usucapiente al demandar al verdadero propietario o a quien se crea con derechos inscritos, desde una perspectiva objetiva como subjetiva, desquicia y rompe el consentimiento ínsito en el contrato, negocio o convenio que serviría para anudar las posesiones aditadas con aquél. Como corolario, quien en estas circunstancias demanda la declaración de pertenencia, rehúsa "*in radice*" cumplir lo pactado en el contrato que ha prometido celebrar". Sala de Casación Civil. Sentencia del 11 de septiembre de 2015. M.P. Luis Armando Tolosa Villanoba.

141 Es preciso diferenciar los conceptos de justo título y vínculo jurídico. El justo título es condición esencial de la posesión regular (art. 764-2 CC). Entiéndase por justo título, el acto con vocación traslaticia que reúne, a plenitud, los elementos de existencia y los requisitos de validez del respectivo negocio jurídico. (art. 1502 CC) En tal sentido, y corrigiendo el inciso tercero del artículo 765 CC, se consideran títulos con vocación traslaticia de dominio (y no traslaticios como afirma con impropiedad la norma referida) "los que por su naturaleza sirven para transferirlo, como la venta, la permuta, la donación entre vivos". Por su parte, el vínculo jurídico es condición esencial, no de la posesión regular, sino de la suma o agregación del tiempo de posesiones (regulares o irregulares). Como se indicó, el vínculo jurídico se concibe como el nexo que debe ligar los tiempos de las posesiones que pretenden agregarse. Y, en esa medida, el justo título sirve de vínculo jurídico, pero no se asume como equivalente de éste. En otras palabras, todo justo título es vínculo jurídico, pero no todo vínculo jurídico constituye justo título, pues, como se observó, pueden servir de vínculo jurídico, mas no de justo título, actos tan diversos como el contrato de promesa, la cesión de derechos, mejoras y acciones en cabeza del poseedor (venta de posesión) y la sucesión por causa de muerte (testada o *ab intestato*).

142 Al respecto, señala con magistral claridad el Dr. Luis Guillermo Velásquez: "Una sentencia aperturista de la Corte Suprema de Justicia, del 6 de abril de 1999, consecuente con el principio de que la posesión del here-

- La existencia de posesiones sucesivas, es decir, los tiempos de posesión deben sumarse en el estricto orden de su configuración, sumándose al actual, el tiempo inmediatamente anterior; en otras palabras, al ser contiguas, los tiempos se deben agregar sin afectar la secuencia cronológica que caracteriza las posesiones añadidas.
- El ejercicio ininterrumpido de las posesiones, esto es, no pueden sumarse aquellos de tiempos de posesiones afectadas por eventos de interrupción civil o natural (arts. 2522, 2533 CC y 94 CGP).
- La entrega material del bien poseído como presupuesto necesario para desplegar los actos de señorío, es decir, aquellas conductas que legitiman al poseedor bajo la presunción de dominio (art. 762 CC)[143].

Sobre las mentadas condiciones necesarias para sumar o agregar tiempo de posesión, ha señalado la jurisprudencia de la Sala de Casación Civil de la Corte Suprema de Justicia:

> "En la *accessio possessionis*, modalidad sumatoria que ocupa la atención en este asunto, se ha precisado que para que tenga ocurrencia el fenómeno de la incorporación fáctica es necesaria la afluencia de las siguientes condiciones: (...)a) que haya un título idóneo que sirva de puente o vínculo sustancial entre antecesor y sucesor; b) que antecesor y sucesor hayan ejercido la sucesión de manera ininterrumpida y c) que haya habido entrega del bien, lo cual descarta entonces la situación de hecho derivada de la usurpación o el despojo"[144].

---

dero sobre los bienes relictos se adquiere por la muerte, sentó la tesis de que el vínculo jurídico con aptitud agregativa los constituye este hecho". VELÁSQUEZ JARAMILLO, Bienes..., Op. Cit. P. 177. Justamente, la referida sentencia señala: " De conformidad con lo establecido en el art. 2521 del C. Civil, cuando un bien ha sido poseído sucesiva e ininterrumpidamente por dos o más personas, el tiempo de posesión del antecesor puede agregarse al del sucesor, en los términos previstos por el art. 778 *ejúsdem*, con el fin de completar el tiempo requerido por la ley para adquirir el derecho de dominio sobre él por el modo de la prescripción, hipótesis en la cual es menester, entre otras circunstancias, que quien pretenda aprovecharse de tal prerrogativa suceda a la persona que designa como antecesora en la posesión, bien a título universal, ora a título singular, es decir, que su posesión y la de aquel estén ligadas por un "...título idóneo que sirva de puente o vínculo sustancial entre antecesor y sucesor", pues la agregación o incorporación de posesiones de que habla el artículo 778 del C. Civil, como de antaño lo ha precisado la Corte, "...tiene que realizarse a través del **vínculo jurídico** del causante a sucesor, que es el puente por donde el primero transmite al segundo, a título universal, **por herencia**, o singular, por contrato, las ventajas derivadas del hecho de una posesión que se ha tenido. No puede concebirse el fenómeno de la incorporación de posesiones en las que están aisladas unas de otras, en que no haya mediado **transmisión de una persona a otra por herencia, o legado, o bien por contrato o convención...**" (G.J. LX, 810)". Corte Suprema de Justicia. Sala de Casación Civil. Sentencia del 6 de abril de 1999. M.P. José Fernando Ramírez Gómez.

143 Esta exigencia es propia de la forma de agregación derivativa por acto entre vivos.

144 Corte Suprema de Justicia. Sala de Casación Civil. Sentencia de abril 6 de 1999. M.P. José Fernando Ramírez Gómez. En el mismo sentido, ver: Corte Suprema de Justicia. Sala de Casación Civil. Sentencia de septiembre 11 de 2015. M.P. Luis Armando Tolosa Villabona.

b. En segundo lugar, no siendo posible sumar o agregar tiempos de posesión, bien puede el poseedor servirse de la acción por despojo o querella de restablecimiento – tema que será profundizado en líneas posteriores-, consagrada en el artículo 984 CC en los siguientes términos[145]:

> "Todo el que violentamente ha sido despojado, sea de la posesión, sea de la mera tenencia, y que por poseer a nombre de otro, o por no haber poseído bastante tiempo, o por otra causa cualquiera, no pudiere instaurar acción posesoria, tendrá, sin embargo, derecho para que se restablezcan las cosas en el estado en que antes se hallaban, sin que para esto necesite probar más que el despojo violento, ni se le pueda objetar clandestinidad o despojo anterior. Este derecho prescribe en seis meses"[146].

---

145 La naturaleza de la metada acción ha sido objeto de abundantes discusiones, como se tendrá ocasión de exponer más adelante. De manera sumaria, se ha considerado que la "acción por despojo", en estricto sentido, no es una especie de acción posesoria. Es, como suele llamarla la doctrina, una querella que sirve a los intereses de la posesión y de la mera tenencia con la finalidad de revertir la situación despojo de bienes muebles e inmuebles. Por lo expuesto, razones de peso justifican negarle el reconocimiento de interdicto posesorio a la referida querella de restablecimiento. En primer lugar, protege tanto la posesión como la mera tenencia, en forma autónoma e independiente. En segundo lugar, el art. 984 CC, a diferencia del art. 972 CC, no restringe la procedencia de esta acción a la protección de los bienes inmuebles. En el mismo sentido, establecen Alessandri y Somarriva: "También la legislación chilena parece no estimar la querella de restablecimiento como una verdadera acción posesoria. En contra de nuestro aserto podría invocarse la ubicación de aquélla en el título de éstas; pero podríamos responder que, aparte de que el lugar que una institución ocupa en un Código, no determina su naturaleza jurídica, la letra de la ley nos acompaña. En efecto, el artículo 928 concede la querella de restablecimiento al que, en general, "no pudiere instaurar acción posesoria", y esto importa decir que aquélla no es una de éstas; si el precepto considerara que lo es, habría dicho: "al que no pudiera instaurar otra acción posesoria". El inciso final de dicho artículo reafirma la tesis que sostenemos al disponer que "restablecidas las cosas, y asegurado el resarcimiento de daños, podrán intentarse por una u otra parte las acciones posesorias que correspondan"; claramente se manifiesta así que la querella de restablecimiento no es una de estas acciones. La misma reflexión merece la norma del Código de Procedimiento Civil que declara que la sentencia pronunciada en la querella de restablecimiento deja a salvo a las partes, no sólo el ejercicio de la acción ordinaria, "sino también el de las acciones posesorias que les correspondan". ALESSANDRI RODRÍGUEZ y SOMARRIVA UNDURRAGA, Los bienes..., Op. Cit. p. 919-920. Finalmente, dígase que, en el derecho colombiano, el ejercicio de esta querella, tratándose de inmuebles urbanos, seguía el procedimiento de lanzamiento por ocupación de hecho, previsto en la Ley 57 de 1905 y su Decreto Reglamentario 992 de 1930. Actualmente, y atendidas la consideraciones de la Sentencia C-241 del 7 de abril del 2010, debe seguirse el procedimiento previsto en la ley 1801 de 2016, Código Nacional de Seguridad y Convivencia Ciudadana. Por su parte, tratándose de predios rulares, la mentada querella bien puede complementarse con lo dispuesto en el artículo 390 núm. 8 CGP, en concordancia con el artículo 393 del mismo estatuto procesal, que establece: "Artículo 393. Corregido por el Decreto 1736 de 2012, artículo 8°. Lanzamiento por ocupación de hecho de predios rurales. Sin perjuicio de lo previsto en el artículo 984 del Código Civil, la persona que explote económicamente un predio rural que hubiere sido privada de hecho, total o parcialmente, de la tenencia material del mismo, sin que haya mediado su consentimiento expreso o tácito u orden de autoridad competente, ni exista otra causa que lo justifique, podrá pedir al respectivo juez que efectúe el lanzamiento del ocupante".

146 "Durante ese primer año de posesión, el poseedor originario carece de interdictos posesorios, pero no de protección legal, puesto que tiene derecho a instaurar la **pretensión de restablecimiento** o de **stato quo** consagrada por el artículo 984 ibídem (CC), lo mismo que las acciones policivas pertinentes". JARAMILLO JARAMILLO y RICO PUERTA, Posesión y prescripción..., Op. Cit. P. 296.

1.5. Tipologías

1.5.1. Del interdicto posesorio de conservación o amparo

i. Noción

Según el Diccionario de la Real Academia de la Lengua Española, "conservar" significa "mantener o cuidar de la permanencia o integridad de algo o alguien". En ese sentido, la acción posesoria de conservación se encamina a "mantener la integridad" de la posesión, es decir, se ocupa de preservar el estado de cosas preexistente al hecho que alteró la normalidad posesoria.

De esa manera, la acción posesoria de conservación se orienta a revertir aquellos actos de molestia, embarazo, perturbación o incomodidad que personas, diferentes al legítimo poseedor, están desplegado sobre el inmueble poseído. En este caso, como puede advertirse, no se pierde la posesión, no está en peligro la permanencia en el bien poseído; por el contrario, si bien el poseedor mantiene la posesión, no puede seguirla ejerciendo en las mismas condiciones en razón de la intromisión de un tercero que afecta la tranquilidad y la normalidad de los actos posesorios que se venían desplegando.

Con tal propósito preceptúa el art. 977 CC:

> "El poseedor tiene derecho para pedir que **no se le turbe o embarace su posesión** o se le despoje de ella, que se le indemnice el perjuicio que ha recibido, y que se le dé seguridad contra el que fundadamente teme".

ii. Finalidad

Como se indicó, el interdicto posesorio de conservación tiene como finalidad principal revertir la situación de molestia o de embarazo que afecta la posesión tranquila y pacífica que se ejerce sobre bienes inmuebles. Pero, al mismo tiempo, el afectado puede obtener, como consecuencia del acto de perturbación, la correlativa indemnización por los perjuicios que se le hubieren causado.

iii. Presupuestos axiológicos

Se entiende por presupuestos axiológicos las condiciones que deben concurrir para asegurar la procedencia del interdicto de conservación. Por lo tanto, son requisitos necesarios para servirse del referido instrumento procesal, los siguientes:

- Voluntariedad del acto: El acto de perturbación debe ser voluntario, es decir, la molestia debe imputarse a un hecho humano que controvierta la posesión ajena. Por lo tanto, no son actos de perturbación aquellos eventos que tengan su fuente en hechos de la naturaleza[147].

- Intensidad del acto: El acto desplegado debe ser constitutivo de molestia, pues, si en razón de su magnitud, deriva en despojo de la posesión, el interdicto debe ser el de recuperación.
- Naturaleza del acto: El acto de perturbación debe, objetivamente, causar una incomodidad al actual poseedor de los bienes inmuebles. Por lo tanto, no constituyen perturbación a la posesión los actos de mera tolerancia (art. 2520 CC) ni los desplegados con fundamento en un derecho servidumbre constituido sobre el predio poseído[148].

iv. Ontología del acto de perturbación

El acto de molestia no sólo debe asumirse como el resultado de actos materiales que incomodan la posesión inmobiliaria. Además de lo anterior, son constitutivos de perturbación aquellos actos que, aunque no inciden directamente en la corporalidad del bien poseído, si afectan el ejercicio del hecho posesorio y, concretamente, la tranquilidad, la seguridad o salubridad del poseedor. Tal el caso, por ejemplo, de "olores repulsivos (...); toda suerte de inmisiones –humo, hollín, vapor, vibraciones, polvo, etc.- (...); los trabajos de construcción de proyectos inmobiliarios vecinos; los ruidos insoportables que se originen en una fábrica aledaña"[149], o cualquier otro factor que, excediendo las condiciones normales de tolerancia, genere una incomodidad en el uso y goce plenos del inmueble poseído[150]. En ese sentido, sostiene el Prof. Velásquez Jaramillo:

---

147 Así, como ha explicado la doctrina, "el derrumbe accidental de un muro sobre el predio vecino, no constituye una turbación a la posesión". ALESSANDRI RODRÍGUEZ y SOMARRIVA UNDURRAGA, Los bienes..., Op. Cit. 884. Sin embargo, es necesario precisar que la voluntariedad no está determinada por la buena o la mala fe que precede al acto de molestia. Es decir, sin importar ese aspecto subjetivo, el acto siempre deberá ser voluntario, en veces desplegado con la intención directa de incomodar al poseedor (mala fe) o, en veces, ejecutado bajo la falsa convicción de ejercitar un derecho legítimamente adquirido (buena fe).

148 Para Alessandri y Somarriva, el acto de molestia debe encaminarse a controvertir o contradecir la posesión ajena. Cfr. ALESSANDRI RODRÍGUEZ y SOMARRIVA UNDURRAGA, Los bienes..., Op. Cit. p. 885). Este entendimiento, sin embargo, no resulta en un todo preciso. El acto de molestia no siempre se despliega ni tiene por objeto controvertir o contradecir la posesión, máxime cuando aquellos actos son ejecutados sin la intención específica de causar ese efecto en la posesión ajena. No siempre, por lo tanto, el acto perturbatorio se despliega con la finalidad de disputar la posesión en cabeza de otro.

149 TERNERA, Derechos Reales..., Op. Cit. P. 457.

150 Con toda razón, comentaban Alessandri y Somarriva: "Tampoco es elemento de la perturbación posesoria el lugar en que se comete; tanto da que sea en el fundo del perturbador como en el del perturbado: lo decisivo es la perturbación a la posesión ajena. Procede, por ejemplo, la querella posesoria si las trepidaciones de los dinamitazos hechos en una mina provocan el desarraigo de los árboles o la

"La perturbación permisible, vale decir, aquella que se realiza dentro de los márgenes de la tolerancia social, no da origen a esta acción. Sólo la derivada de las perturbaciones irregulares o anormales que causan incomodidad o molestias e impiden el normal funcionamiento del ser humano en el entorno social fundamenta el ejercicio de la acción comentada"[151].

Finalmente, si bien el acto de perturbación puede ser fuente de responsabilidad civil extracontractual y, por lo tanto, conllevar la consecuente indemnización de perjuicios causados, también es cierto que no es presupuesto de procedencia de la acción la configuración de un daño específico. En ese sentido, basta acreditar la configuración del acto de molestia para impetrar la defensa de la posesión, solicitando, como pretensión principal, que cesen los actos de incomodidad que afectan el legítimo ejercicio de los hechos posesorios. Así pues, al tiempo que pueden concurrir los actos molestia y la respectiva indemnización; de igual manera, puede existir indemnización sin el juicio de perturbación a la posesión, cuando el hecho, por ejemplo, no reúne los requisitos para ser considerado como acto de molestia, pero puede servir de base para exigir indemnización de perjuicios por causar un daño a los bienes poseídos[152].

v. Prescripción[153]

De conformidad con la norma sustancial (art. 976 CC), los interdictos posesorios que tienen por objeto conservar la posesión, prescriben al cabo de un año completo,

---

quiebra de los vidrios situados en el fundo ajeno, hállese éste por otra parte, vecino o no a la mina; si una persona abre vistas contrarias a las disposiciones legales; si hace trabajos en su fundo que provocan en el del vecino hundimientos o inundaciones, etc.". ALESSANDRI RODRÍGUEZ y SOMARRIVA UNDURRAGA, Los bienes..., Op. Cit. P. 885-886.

151 VELÁSQUEZ JARAMILLO, Bienes..., Op. Cit. P. 528. Precisa la Corte Suprema de Justicia: "La vida en sociedad no sería posible, si los asociados no debieran aceptar algunos inconvenientes resultantes de actividades que sean socialmente útiles y aun necesarias. Pero si ello es verdad, desde el punto de vista jurídico **no es lo menos que esos inconvenientes solo deben ser sufridos por las víctimas cuando ellos no sobrepasen lo que es considerado como ordinario o normal**: los inconvenientes extraordinarias, precisamente por resultar excesivos, no están autorizados y por ello constituyen un injusto ataque al derecho de otros". Corte Suprema de Justicia. Sala de Casación Civil. Sentencia del 30 de abril de 1976. M.P. Humberto Murcia Ballén.

152 Al respecto, precisan Alessandri y Somarriva: "Si, por ejemplo, una muralla se derrumba y causa daños a la propiedad del vecino, el dueño de la primera podrá ser demandado de perjuicios en razón de la responsabilidad extracontractual que le quepa; pero no podrá ser perseguido mediante una posesoria, ya que el hecho dañoso no implica ninguna pretensión a la posesión ajena. ALESSANDRI RODRÍGUEZ y SOMARRIVA UNDURRAGA, Los bienes..., Op. Cit. P. 886. En el mismo sentido, VALENCIA ZEA, Derecho Civil...Op. Cit. P. 94.

153 Son bien conocidas las discusiones en torno a la caducidad y la prescripción. Sin pretender ahondar en un debate que ha derramado ríos de tinta, somos conscientes de que la norma consagra, stricto sensu, un supuesto de caducidad de los interdictos posesorios. Sin embargo, a los efectos del presente

contado desde el acto de molestia o embarazo inferido a ella. Lo anterior es de fácil interpretación cuando el acto de molestia es único y determinado, es decir, cuando se tiene certeza del momento en que empezó a desplegarse la perturbación, en cuyo caso, a partir de ese instante, iniciará a computarse el plazo prescriptivo.

A idéntica conclusión debe llegarse cuando el acto perturbatorio, siendo el mismo (único), es sucesivo en el tiempo (sucesivo y continuo); por lo tanto, es una mayúscula imprecisión, además de una sustitución de la norma referida, pretender que, por tratarse de un acto continuado, el término de prescripción sólo iniciará cuando cese el último acto de incomodidad inferido a la posesión ajena. Este argumento desconoce flagrantemente el momento definido por el legislador a efectos de contar el término de prescripción del interdicto de conservación. En consecuencia, sostener que el tiempo de prescripción deberá contarse a partir del último acto de molestia o embarazo, supone un razonamiento abiertamente contrario al espíritu y esencia de la norma transcrita, además de implicar un símil con la figura del delito continuado que, por tratarse de una institución penal, resulta ajena para analizar una situación de carácter eminentemente civil.

Así pues, no obstante se configure una pretendida continuidad de los actos perturbatorios, el criterio para determinar el momento a partir del cual empieza a contarse la prescripción es el del **primer acto de perturbación a la misma**. Un entendimiento diferente implicaría, en primer lugar, subsanar la negligencia del poseedor en la defensa de sus intereses, en franca ignorancia de aquel brocardo que enseña que "a nadie le es dado beneficiarse de su propia culpa" (*nemo auditur propriam turpitudinem allegans*). Y, en segundo lugar, facilitaría que, con fundamento en actos de mera tolerancia, pudieran instaurarse interdictos para la defensa de la posesión. En otras palabras, si el poseedor no instaura el interdicto de conservación en el tiempo señalado por el ordenamiento jurídico, se entiende que tales hechos no le incomodan o que, incluso, los tolera. De allí que, habiendo trascurrido este tiempo, se entiende que tales actos jamás perturbaron su posesión, antes bien, el poseedor los aceptó y permitió, tornándose así, en actos de mera tolerancia.

No obstante lo anterior, no existe similar claridad cuando el acto de molestia no se configura con certeza en un momento determinado, sino que se causa en forma dispersa y discontinua (sucesivo pero alternativo). En este evento, "cuando los actos son equívocos corresponde al juzgador definir a partir de qué momento empieza a correr el plazo

---

estudio, daremos a tales términos un sentido equivalente y unívoco. Al respecto, ha observado la doctrina: "en tratándose de la acción que busca conservar la posesión, la ley civil (artículo 976), establece que "**prescribe** al cabo de un año completo, contado desde el acto de molestia o embarazo", cuando en verdad se trata de un término de CADUCIDAD. Si se busca recuperar el bien del cual fue desposeído, expirará "al cabo de un año completo, contado desde que el poseedor anterior lo ha perdido"; por supuesto que enfrentamos también otro preciso término de CADUCIDAD". SUÁREZ HERNÁNDEZ, Daniel. La prueba en los procesos posesorios y reivindicatorios. En: Revista del Instituto Colombiano de Derecho Procesal. Vol. 2, Núm. 2, 1984. P. 15.

de prescripción de un año, teniendo en cuenta cuál de ellos constituye prioritariamente la causa eficiente de la perturbación, o, como lo dicen Alessandri y Somarriva, el que represente la inequívoca contradicción a la posesión ajena"[154].

1.5.2. Del interdicto posesorio de recuperación

i. Noción

Según el Diccionario de la Real Academia de la Lengua Española, "recuperar", en su primera acepción, significa "volver a tomar o adquirir lo que antes se tenía". Y, en efecto, el interdicto posesorio de recuperación es el medio procesal que le permite al poseedor, despojado de su posesión, volver las cosas al estado anterior, es decir, retomar la posesión de la que fue privado de manera injusta e ilegítima.

En ese sentido, preceptúa el art. 982 CC:

> "El que injustamente ha sido privado de la posesión, tendrá derecho para pedir que se le restituya con indemnización de perjuicios".

ii. Finalidad

El interdicto posesorio de recuperación presupone la privación de la posesión, impidiéndosele al poseedor seguir desplegado los actos materiales constitutivos de señorío. Con el referido medio procesal, por lo tanto, el poseedor busca revertir la situación de despojo, solicitando la restitución de la posesión y la consecuente indemnización de perjuicios.

iii. Presupuestos axiológicos

Se entiende por presupuestos axiológicos las condiciones que deben concurrir para asegurar la procedencia del interdicto de recuperación. Por lo tanto, son requisitos necesarios para servirse del referido instrumento procesal, los siguientes:

- Voluntariedad del acto: Es una verdad de perogrullo la exigencia que el acto de privación de la posesión provenga de un hecho del hombre. Justamente, la expresión "despojo", en su primera acepción, presupone la acción humana: "privar a alguien de lo que goza y tiene, desposeerlo de ello con violencia". Por lo tanto, si la privación proviene de un hecho de la naturaleza, se estará en presencia una situación de interrupción natural de la posesión de la primera especie (art. 2523

154 VELÁSQUEZ JARAMILLO, Bienes..., Óp. Cit. P. 529.

núm. 1 CC). Y esta situación, como es sabido, no da lugar al ejercicio del interdicto posesorio de recuperación.

- Intensidad del acto: Con inmejorable claridad, explican Alessandri y Somarriva: "El despojo consiste en privar al poseedor de la posesión de la cosa o en impedirle el ejercicio del derecho que posee. Se distingue de la mera molestia o embarazo en que crea un obstáculo persistente, que impide al poseedor recobrar libremente el uso de la cosa que posee o que necesita para ejercer la posesión de su derecho. Por tanto, si después del hecho agresivo inferido a la posesión el poseedor puede recobrar libremente el uso de esa cosa sin encontrar obstáculo, el hecho debe calificarse de simple molestia o embarazo y no de despojo"[155]. En ese orden de ideas, el despojo debe implicar una privación definitiva de la cosa; pues, si aquel es transitorio, se está en presencia de un acto de perturbación que deberá ser revertido mediante el ejercicio del interdicto de conservación.
- Naturaleza del acto: En mérito de lo anterior, le corresponde al juez competente, en cada caso, determinar si el acto desplegado perturba o priva de la posesión. Para el efecto, deben tenerse en cuenta criterios como la gravedad del acto, su duración y la cualidad del atentado.

iv. Ontología

La privación de la posesión puede surtirse por dos vías: la violencia (arts. 772-774 CC) o la clandestinidad (art. 774 CC, *in fine*). "En todo caso se requiere que el poseedor haya sido privado de la posesión *injustamente*. Una persona es privada *injustamente* de la posesión de un inmueble, cuando alguien la toma contra su voluntad"[156]. En ese evento, quien despoja se considera "usurpador" de la posesión y, por lo tanto, sujeto pasivo del interdicto de recuperación. Pero, al tenor del artículo 983 CC, el mentado interdicto también puede dirigirse en contra de toda persona que derive su posesión del usurpador por cualquier título. Probablemente, en razón de tal eficacia, se le ha considerado como una especie de acción real[157].

Como se indicó en párrafos anteriores, el usurpador y el tercero (de buena o de mala fe) están obligados a restituir el inmueble, una vez probada la situación de pri-

---

155 ALESSANDRI RODRÍGUEZ y SOMARRIVA UNDURRAGA, Los bienes..., Op. Cit. P. 888.

156 VALENCIA ZEA y ORTIZ MONSALVE. Derecho Civil..., Op. Cit. p. 93. Y agregan: "No debe perderse de vista que el Código Civil no ha hecho otra cosa sino recoger los viejos interdictos de los romanos: el interdictum de vi, o sea cuando a una persona se la despoja mediante el empleo de la violencia, y el interdictum de clandestina possessione, es decir, cuando se toma una cosa sin consentimiento del poseedor y se le oculta". Ibíd.

157 Agréguese a lo expuesto, el que, por disposición del artículo 975 CC, el heredero tiene y está sujeto a las mismas **acciones posesorias** que tendría y a que estaría sujeto su autor, si viviese.

vación injusta de la posesión. Pero sólo el usurpador o el tercero de mala fe son los llamados a responder por los daños causados con ocasión de la situación de despojo, y, en el evento de resultar varias personas obligadas al pago de la indemnización, todas ellas lo serán *in solidum*, es decir, responderán solidariamente del monto total de aquella (art. 983 *in fine* y 1568-2 CC).

Finalmente, no es requisito, para el ejercicio del mentado interdicto, que el acto de privación se despliegue con la vívida intención de sustituir al poseedor. En otras palabras, no interesa, a los efectos del referido medio procesal, si el tercero pretende ejercitar la posesión o, por el contrario, sólo busca impedir que el afectado lo siga haciendo. Independientemente de esta situación, el interdicto se funda, estrictamente, en la configuración de un hecho objetivo: la situación injusta de despojo o la privación ilegítima de la posesión.

v. Prescripción

De conformidad con la norma sustancial (art. 976 CC), los interdictos posesorios que tienen por objeto recuperar la posesión, expiran al cabo de un año completo, contado desde que el poseedor anterior la ha perdido. Si la nueva posesión ha sido violenta o clandestina, se contará desde el último acto de violencia, o desde que haya cesado la clandestinidad.

A diferencia del interdicto de conservación, el cómputo del término prescriptivo para el ejercicio del interdicto de recuperación no empieza a contarse a partir del primer acto de violencia o clandestinidad, sino a partir del momento en que hubieren cesado la fuerza o el ocultamiento. La razón es simple: no tiene sentido computar la prescripción mientras subsista la violencia o tenga lugar la clandestinidad, pues, mientras permanezcan tales circunstancias, carece de toda eficacia la protección legal dispensada al poseedor.

Pero, una vez hayan cesado los vicios referidos, empieza a computarse el tiempo de prescripción para recuperar la posesión. Justamente, el oportuno ejercicio del mentado interdicto, en primer lugar, impide que se configure la interrupción natural de la posesión de la segunda especie (art. 2523 núm. 2 CC), esto es, la pérdida efectiva de la posesión, y, en segundo lugar, ampara la situación del poseedor que, privado de su posesión, con posterioridad la recobra por los medio legales, pues si prueba haber poseído anteriormente, y posee actualmente, se presume su posesión en el tiempo intermedio (art. 780-3 CC). Este, justamente, es el sentido del inciso final del artículo 976, que establece:

> "Las reglas que sobre la continuación de la posesión se dan en los artículos 778, 779 y 780 se aplican a las acciones posesorias".

2. DE LOS POSESORIOS ESPECIALES

2.1. Noción – Naturaleza

Los interdictos posesorios especiales están reunidos en el Título XIV del Libro II del Código Civil (arts. 986-1007). Si bien se les ha relacionado con el hecho posesorio, es bien sabido que aquellas figuras, fundamentalmente, giran en torno al derecho de propiedad. Es decir, los llamados "interdictos posesorios especiales" sirven como medios para resolver conflictos derivados de las relaciones de vecindad, en tanto imponen sendas restricciones al ejercicio abusivo del derecho real de dominio[158].

Al respecto, sostuvo la Sala de Casación Civil de la Corte Suprema de Justicia:

> "La vecindad, derivada de la contigüidad o proximidad de los lugares, es un hecho físico que crea nexos de índole diversa entre las personas a quienes pertenecen o que ocupan esos inmuebles aledaños. Son relaciones de vecindad que surgen unas veces del uso y goce de los fundos vecinos y otras de la actividad personal de sus dueños o moradores. Inspiradas en el principio de solidaridad social, esas relaciones confieren derechos e imponen obligaciones y cargas, encaminados los unos y las otras a asegurar la convivencia pacífica y a evitar los conflictos e incomodidades que excedan el margen de tolerancia recíproca que se deben quienes viven y actúan en vecindad"[159].

2.2. Ontología

Son características esenciales de los interdictos posesorios especiales, las siguientes:

a. **No se requiere de tiempo de posesión anterior:** A diferencia de los interdictos posesorios de conservación o recuperación, que sólo pueden ser instaurados por el que ha estado en posesión tranquila y no interrumpida un año completo, en los interdictos posesorios especiales no se exige tiempo de posesión anterior para determinar su procedencia. En ese sentido, una vez configurado el supuesto de hecho de la norma que consagra el medio de protección especial, puede el afectado servirse de éste, sin necesidad de acreditar un tiempo mínimo de posesión real y efectiva.

---

158 Como bien observan Valencia Zea y Ortiz Monsalve: "La normal convivencia de propietario vecino, pedida por motivos de orden práctico, ha creado una institución conocida con el nombre de derecho de vecindad, el cual se fundamenta en dos instituciones: la primera se relaciona con la explotación de la propiedad, y la segunda, con el derecho de exclusión, pues debe tolerar ciertas molestias que naturalmente resultan de la explotación de las propiedades vecinas". VALENCIA ZEA y ORTIZ MONSALVE. Derecho Civil..., Op. Cit. P. 171.

159 Corte Suprema de Justicia. Diciembre 4 de 1963. M.P. Enrique López de la Pava.

b. La prueba de la posesión: El hecho de que no se exija un tiempo mínimo de posesión para instaurar un interdicto posesorio especial, no significa que el interesado esté exento de probar su posesión real y efectiva. Por el contrario, es presupuesto esencial para la prosperidad de las diferentes pretensiones derivadas del ejercicio de los mentados interdictos, la prueba de la posesión actual y del hecho perturbador que sirve de fundamento al instrumento procesal.

Pero, como en el caso de los interdictos de conservación y de recuperación, en el juicio que verse sobre alguno de los posesorios especiales no se tendrá en cuenta el derecho real de dominio que se aduzca por cualquiera de las partes (art. 979 CC); "ya que sea como sea el carácter sumario de los juicios posesorios especiales y el fin que con ellos se persigue, excluyen la posibilidad de discutir el dominio"[160].

c. Improcedencia: Los interdictos posesorios especiales no pueden afectar el legítimo ejercicio de un derecho real de servidumbre. Esta regla, que tiene su fundamento en el artículo 1004 CC, se explica en el hecho, lógico y entendible, de respetar aquella limitación al derecho real de dominio cuando se ha constituido por alguno de los medios establecidos en el Código Civil. Por tal razón, el titular del derecho real de servidumbre, "para oponerse a la acción posesoria especial entablada en su contra, lo que debe demostrar es, no el derecho en sí, constitutivo de tal servidumbre, sino el ejercicio de ella, o sea, su posesión"[161].

d. Pluralidad subjetiva: El artículo 1003 CC establece la posibilidad de que sean varios los sujetos los responsables de la afectación (pluralidad por pasiva, en sentido procesal) o varios los sujetos afectados con el acto de perturbación (pluralidad por activa, en sentido procesal). En cada caso, las norma contiene reglas precisas, a saber:

- <u>Pluralidad por pasiva (inciso 1 art. 1003 CC):</u> En el evento ser varios los responsables de la afectación, el interdicto puede dirigirse contra todos o contra cualquiera de ellos. Sin embargo, en lo concerniente a la indemnización, ésta sólo podrá pedirse de aquel o aquellos que hayan sido vinculados al proceso, debiendo asumirla en partes iguales y sin perjuicio de que los gravados con esa indemnización la dividan entre sí, a prorrata de la parte que cada uno tenga en la obra que se ordenó prohibir, destruir o enmendar. En este caso, la obligación indemnizatoria es mancomunada, conjunta o divisible y, en consecuencia, cada uno de los deudores (causante del daño) es obligado solamente a su parte o cuota en la deuda (arts. 1568-1 y 1583-1 CC).

---

160 ALESSANDRI RODRÍGUEZ, Arturo, *et. al.* Derecho Civil. Tratado de los derechos reales. Tomo II. Chile: Editorial Jurídica de Chile, 2005. P. 250.

161 Ibíd. P. 251.

- Pluralidad por activa (inciso 2 art. 1003 CC): En el evento de ser varios los afectados, cada uno de ellos podrá intentar, por sí solo, el respectivo interdicto para prohibir, destruir o enmendar una obra. Sin embargo, en lo concerniente a la indemnización, ésta sólo podrá pedirse por el daño que haya sufrido concretamente el demandante. De igual manera, en este caso, la obligación continúa siendo conjunta, mancomunada o divisible, pues cada acreedor (afectado) sólo tiene derecho para demandar su parte o cuota en el crédito (arts. 1568-1 y 1583-1 CC).

2.3. Tipologías

Son varias las clases de interdictos posesorios especiales regulados por el Código Civil. En aras de una mejor claridad expositiva, se tratarán por separado las siguientes figuras: (i) Denuncia de obra nueva; (ii) Denuncia de obra ruinosa y (iii) Otros interdictos posesorios especiales.

2.3.1. Denuncia de obra nueva

2.3.1.1. NOCIÓN

El interdicto de denuncia de obra nueva está consagrado en el artículo 986 CC, en los siguientes términos:

> "El poseedor tiene derecho para pedir que se **prohíba toda obra nueva** que se trate de construir sobre el suelo de que está en posesión.
>
> Pero no tendrá el derecho de denunciar con este fin las obras necesarias para precaver la ruina de un edificio, acueducto, canal, puente, acequia, etc., con tal que en lo que puedan incomodarle se reduzcan a lo estrictamente necesario, y que, terminada, se restituyan las cosas al estado anterior a costa del dueño de las obras.
>
> Tampoco tendrá derecho para embarazar los trabajos conducentes a mantener la debida limpieza en los caminos, cañerías, acequias, etc.".

El concepto de "obra nueva" no es de fácil definición. Sin embargo, acogiendo los lineamientos generales de la doctrina, puede asumirse por ésta "toda cosa hecha que antes no existía, o que si existía, resulta distinta o diferente por la naturaleza de las modificaciones a que fue sometida"[162].

La palabra "obra", por lo tanto, debe entenderse en un sentido amplio: comprende todo acto de construcción, plantación, siembra o cultivo y, en general, cualquier otro

162 Ibíd. P. 252.

hecho de cuya realización se derive un perjuicio al propietario o poseedor de un predio determinado (V. gr.: senderos, zanjas, cercas e, incluso, excavaciones, perforaciones o demoliciones). En ese orden de ideas, no sólo se está en presencia de una obra cuando se configura un fenómeno de inmovilización por adhesión, de igual manera se consideran obras aquellas labores en que "se emplean elementos transportables o piezas desarmables sin detrimento del conjunto, como un cobertizo de madera o un puente de hierro desmontable"[163]; en suma, construcciones o edificaciones que se erigen o se levantan sin una sólida incorporación al suelo en el que reposan.

Asimismo, la palabra "nueva", para estos efectos, asume una connotación especial. En ese sentido, es "nueva" aquella obra que antes no existía, o que existiendo, se haya modificado de manera sustancial, al punto de hacerse diferente a su construcción anterior. Por ende, "no hay obra nueva si, con derecho, se ejecuta un trabajo que se reduce a reparar, mejorar o arreglar lo existente, sin tender a su alteración"[164].

En definitiva, debe entenderse por obra nueva "todo trabajo que cambia o puede cambiar esencialmente el estado del lugar y que aún no está terminado"[165].

2.3.1.2. TIPOLOGÍAS

El interdicto por obra nueva puede estudiarse en función de dos enfoques[166]: (i) Obra nueva en predio ajeno y (ii) obra nueva en predio propio.

i. Obra nueva en predio ajeno:

a. Consagración

Establece el artículo 986-1 CC:

> "El poseedor tiene derecho para pedir que se prohíba toda obra nueva que se trate de construir sobre el suelo de que está en posesión".

---

163 Ibíd.

164 Ibíd.

165 Ibíd.

166 Sobre las tipologías del interdicto de obra nueva ha observado Alessandri: "**Predios en que puede estar la obra nueva denunciable.** La obra nueva denunciable puede tratar de construirse sobre el suelo de que está en posesión el denunciante (artículo 930, inciso 1.) o en el predio del denunciado (artículo 931), como si en el predio sirviente de éste se construye una obra que embaraza el goce de una servidumbre constituida en él. La diferenciación de ambas situaciones tiene trascendencia. En el primer caso, basta que se trate de construir cualquiera obra nueva sobre el suelo del poseedor para que éste tenga derecho a denunciarla: la intromisión extraña, mediante la obra nueva, salvo ciertas excepciones que más adelante se verán, constituye por sí sola un atentado a la integridad del bien ajeno o una turbación a la posesión del mismo que autoriza la interposición de la querella. No ocurre lo mismo en el segundo caso, pues no es suficiente ejecutar una obra en el predio sirviente para que ella sea denunciable; es necesario, además, que esa obra embarace el goce de la servidumbre en él constituida". ALESSANDRI RODRÍGUEZ y SOMARRIVA UNDURRAGA, Los bienes..., Op. Cit. P. 942.

En este caso, la obra nueva se lleva a cabo en predio ajeno, es decir, el acto considerado perturbatorio (construcción, plantación, sementera, etc.) es desplegado sobre el suelo en el que otra persona ejerce posesión efectiva.

b. Requisitos

Esta modalidad del interdicto de obra nueva precisa de sendos requisitos, a saber:

- La obra no debe haberse concluido: Es condición esencial que los "trabajos" estén próximos a comenzar o se estén ejecutando. Se infiere este requisito de la expresión "obra que **se trate** de construir" empleada por el artículo 986-1 CC.
- Lo anterior se confirma en el hecho de que el interdicto mencionado se encamina a **impedir, suspender o destruir** la obra que aún se está realizando. Por lo tanto, si aquella fue concluida, carece de sentido elevar las pretensiones que se derivan del referido mecanismo judicial. En tal caso, esto es, cuando se ha terminado la obra, debe darse aplicación a lo previsto en el artículo 739 CC[167].
- La obra puede estar próxima a ejecutarse: Asimismo, del texto del artículo 986-1 CC, se deduce con claridad que el mentado interdicto procede, incluso, respecto de obras que, si bien no han comenzado a ejecutarse, si están a punto de iniciarse o están próximas a desarrollarse. Justamente, en referencia a este aspecto, la jurisprudencia chilena "ha declarado que no debe rechazarse la denuncia de obra nueva por la circunstancia de que al interponerse sólo se hubieran comenzado a acumular los materiales para realizar una construcción y que no se haya indicado en la querella la existencia de una obra nueva en actual ejecución, si más tarde se comprueba que lo que se trataba era precisamente de llevar a efecto una construcción"[168].
- Prevención de un daño futuro: El interdicto de obra nueva se encamina, esencialmente, a la prevención de un daño futuro. Por lo tanto, no es presupuesto para su ejercicio la configuración de un hecho perturbatorio que haya generado un daño efectivo. En otras palabras, "la denuncia de obra nueva procederá háyase producido o no la turbación de la posesión del denunciante por virtud de la obra no concluida: en el primer extremo la denuncia tenderá a prevenir su extensión o agravamiento con la continuación de la obra; y en el segundo, a que se impida el comienzo de la turbación"[169].

---

167 "Cuándo una obra debe mirarse como comenzada y cuándo como terminada, es una cuestión de hecho que debe apreciarse según los usos sociales. Se mirará como obra terminada aquella en donde es más grande el perjuicio que se causa al constructor o plantador al condenarlo a destruirla, que el beneficio que se otorga al poseedor". VALENCIA ZEA, Derecho Civil. Derechos Reales... Op. Cit. P. 95.

168 ALESSANDRI RODRÍGUEZ, Arturo, *et.* al, Derecho Civil. Tratado..., Op. Cit. P. 252.

169 Ibíd. P. 253.

Justamente, en referencia a su carácter preventivo, observó la Corte Suprema de Justicia:

> "Las acciones a que se refieren los artículos 986 y 987 del Código Civil, están en función del temor por el **daño futuro** y autorizan a pedir que se prohíba la construcción de obras denunciables hechas en suelo o edificio de que no está en posesión el que verifica o construye las obras"[170].

Pero, si el hecho perturbatorio se hubiere configurado (edificación de obra nueva), el poseedor tendrá derecho para pedir, además de la destrucción de lo edificado, la respectiva indemnización por los perjuicios que se le hubieren causado (siempre que la obra no se hubiere concluido). Con razón, ha afirmado la doctrina que el "fin de la acción de denuncia de obra nueva en suelo ajeno, es triple: a) que no se lleve a cabo la obra o que se suspenda mientras se tramita el juicio; b) que se destruya la obra comenzada si sale vencedor el querellante; c) que se indemnicen los perjuicios causados"[171].

c. Improcedencia

No se concede el interdicto previsto en el artículo 986 CC, en los siguientes casos:

- Cuando se trate de obras necesarias para precaver la ruina de un edificio, acueducto, canal, puente, acequia, etc., con tal que en lo que puedan incomodarle al poseedor se reduzcan a lo estrictamente necesario, y que, terminada, se restituyan las cosas al estado anterior a costa del dueño de las obras (art. 986-2 CC).
- Cuando se trate de trabajos conducentes a mantener la debida limpieza en los caminos, cañerías, acequias, etc. (art. 986-3 CC).
- Cuando se trate de labores indispensables para garantizar el ejercicio de una servidumbre legítimamente constituida (art. 1004 CC).

ii. Obra nueva en suelo propio: Establece el artículo 987 CC:

a. Consagración

Establece el artículo 987 CC:

> "Son obras nuevas denunciables las que, construidas en el predio sirviente, embarazan el goce de una servidumbre constituida en él.
>
> Son igualmente denunciables las construcciones que se trata de sustentar en edificio ajeno, que no esté sujeto a tal servidumbre.
>
> Se declara especialmente denunciable toda obra voladiza que atraviesa el plano vertical de la línea divisoria de los predios, aunque no se apoye sobre el predio ajeno, ni dé vista, ni vierta aguas lluvias sobre él".

---

170 Corte Suprema de Justicia. Sala de Casación Civil. Sentencia de noviembre 4 de 1964. M.P. Enrique Coral Velasco.

171 VALENCIA ZEA, Derecho Civil. Derechos Reales..., Op. Cit. p. 95.

En este caso, a diferencia del anterior, la obra nueva se lleva a cabo en predio propio, es decir, si bien la obra (construcción, plantación, sementera, etc.) es ejecutada en el predio de quien es su titular, incomoda o molesta la tranquila posesión de otro predio, comúnmente colindante.

b. Requisitos

Esta modalidad del interdicto de obra nueva precisa de requisitos similares a los señalados para la tipología anterior, a saber:

- La obra debe estar próxima a iniciarse o debe estar en ejecución: Del mismo modo que en la modalidad precedente, en este caso se exige que los trabajos estén a punto de ejecutarse o se estén surtiendo de manera efectiva.

No obstante lo anterior, debe advertirse que el mentado requisito aún es discutible en la doctrina. Para Valencia Zea, en tratándose de obras nuevas en suelo propio perturbatorias de la posesión de fundos vecinos, "se concede acción no sólo respecto a las obras *comenzadas*, sino también para las *terminadas* (...)"[172]; inferencia que parece sustentar en el inciso primero del artículo 987 CC, que preceptúa: "Son obras nuevas denunciables las que, *construidas en el predio sirviente*, embarazan el goce de una servidumbre constituida en él".

La norma, considerada aisladamente, da a entender que el interdicto mencionado procede respecto de obras concluidas o terminadas. Sin embargo, una interpretación sistemática (art. 986-1 CC, 994-1 CC y 377-1 CGP) y teleológica de las normas regulatorias del interdicto de obra nueva (en tanto mecanismo esencialmente preventivo), permite ofrecer una lectura diferente, así: extender el glosado interdicto a las obras concluidas o terminadas, no sólo riñe con el concepto de "obra nueva" plasmado por la norma sustancial, sino que anularía la procedencia del interdicto de conservación o amparo ¿por qué? Porque la obra concluida, *stricto sensu*, configura una "perturbación posesoria consumada" que debe seguir el curso del interdicto de conservación (art. 977 CC) y no, como se ha sostenido insistentemente, el propio de la denuncia de obra nueva.

Se suma a lo dicho, el que aquella interpretación extensiva contraría el contenido del artículo 994-1 CC, que prescribe:

> "Lo dispuesto en el artículo precedente se aplica no sólo a las obras nuevas, **sino a las ya hechas**, mientras no haya transcurrido tiempo bastante para constituir un derecho de servidumbre".

Nótese que en la sistemática del Código Civil se diferencian con claridad las "obras nuevas" de las "obras concluidas", y dentro del alcance del artículo 987-1 CC sólo están comprendidas las "obras nuevas". Siendo así, no existe justificación para abarcar en el

172 Ibíd. p. 96.

concepto de "obra nueva", empleado por el precitado artículo 987-1, el de "obras concluidas o terminadas", entendimiento a todas luces insostenible desde un estricto enfoque normativo. Más aún, si la intención del legislador hubiese sido la de extender el interdicto de obra nueva a las obras terminadas, lo hubiese explicitado como lo hizo al tenor del artículo 994-1 CC, empleado la expresión "obras ya hechas" u otra equivalente. Estas consideraciones, entonces, permiten inferir razonablemente que la modalidad del interdicto de obra nueva consagrado en el artículo 987-1, sólo comprende las obras próximas a empezar o que se estén ejecutando[173].

- <u>Prevención de un daño futuro:</u> Esta modalidad del interdicto de obra nueva tiene una función esencialmente preventiva. Por tal motivo, su objeto es "la suspensión provisional de las obras durante el juicio; y la destrucción o modificación en forma que se eviten las perturbaciones a la posesión ajena"[174]. De igual manera, en ejercicio del referido interdicto, puede el afectado obtener el resarcimiento de perjuicios causados con ocasión del acto de perturbación a la posesión.

c. Obras nuevas denunciables

- Las que, construidas en el predio sirviente, embarazan el goce de una servidumbre constituida en él (art. 987-1 CC).
- Las construcciones que se trata de sustentar en edificio ajeno, que no esté sujeto a tal servidumbre (art. 987-2 CC).
- Toda obra voladiza que atraviesa el plano vertical de la línea divisoria de los predios, aunque no se apoye sobre el predio ajeno, ni dé vista, ni vierta aguas

---

173 Justamente, en referencia al problema esbozado y haciendo una glosa al artículo 931-1 del Código Civil Chileno (equivalente al artículo 987-1 del Código Civil Colombiano), los profesores Alessandri, Somarriva y Vodanovich, sostienen: "Se ha pretendido que es denunciable la obra nueva concluida, perturbadora de la posesión de la servidumbre. Así se desprendería de la letra de la ley, que habla de obra construidas, y de la circunstancia de que el titular activo de la servidumbre, por no poder ejercer una vigilancia constante sobre el predio sirviente, sólo se percata de la obra nueva cuando se produce el embarazo, lo que generalmente ocurre una vez concluida aquélla. En contra de esta inteligencia están la concepción del Código Civil sobre obra nueva, que la opone a las obras ya hechas (art. 937 CC Chileno- art. 994 CC Colombiano), y las normas del Código de Procedimiento Civil, que vienen a constituir la interpretación auténtica de la ley substantiva; todas ellas parte de la base de una obra no terminada (...). Por tanto, debe sostenerse que la posesión de la servidumbre embarazada por una obra nueva ya concluida, no puede tutelarse con la denuncia; debe defenderse por la querella de amparo o de restitución, según los casos, y siempre que concurran los presupuestos de dichas querellas". ALESSANDRI RODRÍGUEZ, Arturo, *et.* al, Derecho Civil. Tratado..., Op. Cit. P. 254.

174 VALENCIA ZEA, Derecho Civil. Derechos Reales..., Op. Cit. p. 96.

lluvias sobre él (art. 987-3 CC): "La denuncia de esta obra evita que se perturbe la posesión del espacio aéreo que corresponde a cada propiedad subyacente"[175].

d. El interdicto de denuncia de obra nueva en suelo propio y la pretensión de responsabilidad civil extracontractual derivada de la actividad constructiva

- **Del interdicto de denuncia de obra nueva suelo propio:**

La jurisprudencia de la Sala de Casación Civil de la Corte Suprema de Justicia, se ha ocupado de deslindar los campos del interdicto de denuncia de obra nueva y el propio de la responsabilidad civil extracontractual.

Como se ha expresado, el interdicto mencionado presupone un acto de perturbación o molestia que, partiendo de una conducta desplegada en suelo propio, lesiona los intereses posesorios de un predio colindante. En ese sentido, el afectado por la obra nueva aduce la existencia de un hecho perturbador (construcción, plantación, etc.) que, de forma ilegítima, incomoda o amenaza incomodar la posesión tranquila que ejerce sobre un predio colindante. En ese caso, si bien la obra se lleva a cabo en suelo propio, su ejecución presupone un claro abuso del derecho; aspecto que se evidencia en las expresiones empleadas por el artículo 987 CC, a saber: "embarazan el goce", "que no esté sujeto a tal servidumbre", "obra voladiza que atraviesa el plano vertical de la línea divisoria de los predios".

Repárese en el hecho de que las conductas que dan lugar al referido interdicto de obra nueva, se sustentan en una extralimitación en el ejercicio del derecho real de dominio. Es decir, si bien el propietario está legitimado para ejercer las facultades materiales (uso y goce) que su derecho le confiere, no es menos cierto que aquellas prerrogativas no pueden contrariar la ley ni lesionar el derecho ajeno (art. 669 CC).

Por tal motivo, se justifica la procedencia del interdicto de obra nueva en suelo propio, enderezado a solicitar la suspensión, la modificación o la destrucción de las obras, así como la consecuente indemnización de perjuicios por los daños que se hubieren causado en el predio vecino. En este evento, por lo tanto, la indemnización es accesoria, esto es, es formulada como pretensión consecuencial de las principales de suspensión, modificación o destrucción, y siempre que se acredite la efectiva configuración de daños patrimoniales o extrapatrimoniales.

- **La responsabilidad civil extracontractual derivada de la actividad constructiva**

Debe recordarse que la construcción constituye una actividad que conlleva especiales riesgos para la comunidad, aspecto que ha hecho necesario establecer un régimen preventivo y sancionatorio con miras a asegurar los intereses de los potenciales afectados con el desarrollo de la mentada actividad. En ese sentido, han sido varias las

---

175 ALESSANDRI RODRÍGUEZ, Arturo, *et.* al, Derecho Civil. Tratado..., Op. Cit. P. 254.

normas que se han ocupado de regular la actividad de construcción y los deberes particulares del constructor. Así, de conformidad con el numeral 9 del artículo 4 de la ley 400 de 1997, se considera constructor al "profesional, ingeniero civil, arquitecto o constructor en arquitectura e ingeniería, bajo cuya responsabilidad se adelanta la construcción de una edificación". Y en completo de lo anterior, el artículo 4 de la ley 1229 de 2008, señala que debe entenderse por profesional en construcción en arquitectura e ingeniería, aquel profesional de nivel universitario cuya formación académica le habilita para: (...) "Construir o materializar la construcción de todo tipo de proyecto civil o arquitectónico, tales como: construcción de edificaciones, viviendas, vías, pavimentos, puentes, aeropuertos, acueductos, alcantarillados, oleoductos, gasoductos, poliductos etc., que hayan sido previamente diseñados o calculados por arquitectos o ingenieros respectivamente".

En tanto actividad riesgosa, es posible que en su ejecución se comprometa la responsabilidad contractual o extracontractual del constructor. En tal sentido, ha expresado Solarte Rodríguez:

> "Como es suficientemente conocido, el deber de reparar los daños injustamente causados puede provenir de la transgresión de deberes jurídicos singulares y concretos, previamente establecidos entre personas determinadas (responsabilidad civil contractual), o derivarse de la violación del deber jurídico general de no causar daños a los demás (neminem laedere)"[176].

En ese orden de ideas, tratándose de la responsabilidad contractual, el sistema de responsabilidad civil de los constructores se funda en un tipo de culpa profesional[177], es decir, "se deben examinar los deberes de conducta que el constructor debe asumir según la actividad que desarrolla, muchos de los cuales están normativamente establecidos o se derivan de los estatutos profesionales o de las prácticas que se consideran idóneas en este campo de actividad"[178].

---

176 SOLARTE RODRÍGUEZ, Arturo. El régimen de responsabilidad civil de los constructores en Colombia. II Congreso Internacional de Derecho de Seguros: actuales paradigmas jurídicos. Santa Marta, 2014.

177 El "carácter de profesionales que ostentan los empresarios o arquitectos en la construcción de un edificio, le imprime una naturaleza especial a las obligaciones que contrae frente al dueño de la obra. Se trata de verdaderas obligaciones profesionales en cuyo sentido y alcance deben quedar comprendidos aquellos factores (...) como la especialización, la técnica empleada, la competencia, la gravedad de los intereses materiales confiados, la influencia de los usos y derecho corporativos, circunstancias todas estas que pueden modificar profundamente el contenido de una obligación hasta determinarla en forma absoluta y multiplicar por tanto su diligencia y eficacia". HEREDIA GÓMEZ, Fabián Orlando. La garantía decenal en la construcción de inmuebles. En: Revista de Responsabilidad Civil y del Estado. No. 8, marzo de 2000. P. 108- 109.

178 Ibíd.

Según lo expuesto, la responsabilidad civil contractual de los constructores es de índole subjetiva, es decir, se estructura sobre la base de la culpa o, bien, de la inobservancia de aquel conjunto de prácticas deontológicas que le sirven de sustento a su actividad. Pero, para exonerarse de la obligación resarcitoria, no le basta al constructor acreditar que, no obstante el daño, su conducta ha sido cuidadosa y diligente, toda vez que su obligación con el dueño de la obra es de resultado y no de medio. Es decir, el constructor no se obliga a actuar con la debida diligencia sin comprometerse con la obtención de un resultado específico; por el contrario, por obligarse a un resultado concreto, compromete su responsabilidad si este no se logra o se logra imperfectamente, todo lo cual hace presumir su culpa, impericia o imprudencia en el desarrollo de su actividad[179].

Por su parte, tratándose de la responsabilidad civil extracontractual (art. 2341 CC), debe señalarse que aquella tiene como sustento la consideración de la construcción como una actividad peligrosa, cuya ejecución (art. 2356 CC) o, incluso, con posterioridad a su conclusión (arts. 2350 y 2351 CC), puede conllevar perjuicios a los intereses de terceras personas con las que no existe vínculo contractual preexistente. "En tales casos se considera que se ha vulnerado el deber jurídico genérico de no causar daños a los demás (neminem laedere) y se incurrirá, por tanto, en responsabilidad civil extracontractual. Según lo ha destacado la doctrina, este tipo de responsabilidad civil se presenta, particularmente, en dos momentos: durante las labores de construcción o demolición del edificio, y durante la existencia de la edificación, por la ruina de ésta debida a causas imputables al constructor"[180].

En este último caso, y regresando al punto esencial de la exposición, es preciso resaltar que la pretensión de responsabilidad civil extracontractual derivada de la actividad constructiva, se estructura sobre un supuesto de hecho diverso al que origina el interdicto de obra nueva en suelo propio. En tal sentido, a diferencia de éste, la construcción en suelo propio presupone una actividad legítima, es decir, quien edifica en suelo propio no incurre en ninguna de las conductas atentatorias de la posesión ajena (art. 987 CC), lo que no quiere decir que no cause perjuicio a los inmuebles colindantes.

En esa medida, la obra nueva como fuente de perturbación a la posesión es disímil de la obra nueva que, si bien no es causa de molestia posesoria, puede ocasionar perjuicios a los predios vecinos o colindantes. Así, mientras en el pri-

---

179 "...como la obligación del empresario es una obligación de resultado, el incumplimiento hace presumir la culpa del empresario, éste debe situar su defensa en el terreno de la causalidad y no en el del factor de imputación, pues no le es admitida la prueba de su diligencia para descargarse de la responsabilidad que se le endilga". Ibídem. Lo anterior, justamente, valida el entendimiento del contrato de obra como aquel por el cual "se obliga una de las partes (el empresario) a producir un resultado de trabajo (obra) y la otra parte (comitente) a pagar una remuneración). ENNECCERUS, Ludwing. Tratado de Derecho Civil. Segundo Tomo. Barcelona: Bosch Casa Editorial, 1981. P. 508.

180 SOLARTE RODRÍGUEZ, El régimen... Op. Cit.

mer caso la actividad constructiva es ilegítima, por suponer un ejercicio abusivo del derecho real de dominio; en el segundo la actividad constructiva, aunque legítima, puede conllevar perjuicios a las heredades próximas por tratarse de una actividad peligrosa (art. 2356 CC). Por lo mismo, mientras en el primer evento (obra nueva como fuente de perturbación) debe acudirse al interdicto posesorio de obra nueva para remediar la situación de molestia en el predio colindante; en el segundo (daños derivados de la actividad constructiva), debe acudirse a la pretensión de responsabilidad civil extracontractual, toda vez que, si bien la obra se llevó a cabo en suelo propio, ésta, pese a no suponer una actividad ilegítima encaminada a perturbar la posesión vecina, pudo haber generado perjuicio a terceros que están legitimados para solicitar la indemnización integral por los daños causados (arts. 2341 y 2344 CC).

En síntesis de lo anterior, ha sostenido la Sala de Casación Civil de la Corte Suprema de Justicia:

> "La denuncia de obra nueva reviste el carácter jurídico de las acciones posesorias por cuanto se pide el amparo de la justicia con el fin de suspender trabajos que envuelven **perturbación posesoria** para el querellante. De ahí que la ley civil lo contemple y organice dentro del grupo de las acciones posesorias especiales de que trata el Título XIV, Libro II del Código Civil. **Pero no está dentro del ámbito de esa especial protección posesoria que quien ejerce el dominio sobre un solar o edificio pueda impedir que el dueño del terreno vecino lo utilice y construya normalmente de acuerdo con sus prospectos económicos** que, a la postre, redundan además en beneficio general. **Por ello no es obra nueva denunciable la que se adelanta en el solar contiguo, mientras no invada en forma alguna la propiedad del querellante.**
>
> Que no sea denunciable la obra nueva, en ningún modo significa que si causa daños al vecino, más allá de lo que el sentido social de convivencia permite y acepta razonablemente, el perjuicio haya de quedar sin indemnización. El punto será regido entonces por las normas aplicables a las relaciones de vecindad, **conforme a los principios que prohíben dañar a otro y miden la responsabilidad extracontractual** en sus diversas hipótesis, todo lo cual queda envuelto en la continencia de la causa ventilable en juicio ordinario"[181].

---

181 Corte Suprema de Justicia. Sala de Casación Civil. Sentencia del 3 de octubre de 1958. M.P. José Hernández Arbeláez.

2.3.2. Denuncia de obra ruinosa[182]

2.3.2.1. NOCIÓN

Preceptúa el artículo 988 CC:

> "El que tema que la ruina de un edificio vecino le pare perjuicio, tiene derecho de querellarse al juez para que se mande al dueño de tal edificio derribarlo, si estuviere tan deteriorado que no admita reparación; o para que, si la admite, se le ordene hacerla inmediatamente; y si el querellado no procediere a cumplir el fallo judicial, se derribará el edificio o se hará la reparación a su costa.
>
> Si el daño que se teme del edificio no fuere grave, bastará que el querellado rinda caución de resarcir todo perjuicio que por el mal estado del edificio sobrevenga"[183].

---

182 Sirva de complemento al mentado interdicto especial, lo previsto por el artículo 8 del Decreto 1469 de 2010, que establece: "Estado de ruina. Sin perjuicio de las normas de policía y de las especiales que regulen los inmuebles y sectores declarados como bienes de interés cultural, cuando una edificación o parte de ella se encuentre en estado ruinoso y atente contra la seguridad de la comunidad, el alcalde o por conducto de sus agentes, de oficio o a petición de parte, declarará el estado de ruina de la edificación y ordenará su demolición parcial o total. El acto administrativo que declare el estado de ruina hará las veces de licencia de demolición. El estado de ruina se declarará cuando la edificación presente un agotamiento generalizado de sus elementos estructurales, previo peritaje técnico sobre la vulnerabilidad estructural de la construcción, firmado por un ingeniero acreditado de conformidad con los requisitos de Ley 400 de 1997, sus decretos reglamentarios, o las normas que los adicionen, modifiquen o sustituyan y el Reglamento Colombiano de Construcción Sismorresistente y la norma que lo adicione, modifique o sustituya quien se hará responsable del dictamen. Tratándose de la demolición de un bien de interés cultural también deberá contar con la autorización de la autoridad que lo haya declarado como tal.
Parágrafo. De conformidad con lo previsto en el artículo 106 de la Ley 388 de 1997 o la norma que lo adicione, modifique o sustituya, cuando la declaratoria del estado de ruina obligue la demolición parcial o total de una construcción o edificio declarado como bien de interés cultural, se ordenará la reconstrucción inmediata de lo demolido, según su diseño original y con sujeción a las normas de conservación y restauración que sean aplicables, previa autorización del proyecto de intervención por parte de la autoridad que hizo la declaratoria".

183 Teniendo en cuenta que el mentado interdicto debe ejercitarse en el marco de un proceso judicial, que por razones conocidas suele ofrecer soluciones tardías al problema suscitado, el Código Nacional de Policía -ley 1801 de 2016, corregida mediante el Decreto 555 de 2017-, de manera preventiva, calificó como conducta que pone en riesgo la vida e integridad de las personas y, por lo tanto, pasible del accionar policivo, el hecho de "no retirar o reparar, en los inmuebles, los elementos que ofrezcan riesgo a la vida e integridad" (art. 27 numeral 5). En ese mismo sentido, al tenor del artículo 173, enunció como especies de medidas correctivas, la obligación de "construcción, cerramiento, reparación o mantenimiento de inmueble" (numeral 8) y, al mismo tiempo, la obligación de "demolición de la obra" en los precisos eventos señalados en el canon respectivo (numeral 15). En el primer supuesto –numeral 8-, la orden de policía se encamina a "mantener, reparar, construir, cerrar o reconstruir un inmueble en **mal estado o que amenace ruina**, con el fin de regresarlo a su estado original o para que no implique riesgo a sus moradores y transeúntes. Esta orden puede aplicarse a cualquier clase de inmueble. Se incluye en esta medida el mantenimiento y cerramiento de predios sin desarrollo o construcción" (art. 186). En el segundo caso, por su parte –numeral 15-, la orden de policía de encamina a la "destrucción de edificación desarrollada con violación de las normas urbanísticas, am-

En su primera acepción, el Diccionario de la Real Academia de la Lengua Española define la ruina como la "acción de caer o destruirse algo".

Por su parte, apelando al derecho comparado, conviene citar el concepto de ruina que ha esbozado el Tribunal Supremo Español, al expresar:

> "(...) la Doctrina que reiteradamente ha venido manteniendo esta Sala para perfilar el concepto de ruina abunda en la idea de separarle de una interpretación literal, identificativa con el derrumbamiento del edificio, para comprender en él aquellos graves defectos que hagan temer la pérdida del inmueble o le hagan inútil para la finalidad que le es propia, así como aquellos otros que, por exceder de las imperfecciones corrientes, (...) incidan en la habitabilidad del edificio"[184].

Como puede advertirse, en el contexto jurídico, la ruina asume una connotación diferente de su significado literal. Aquella no sólo se refiere a la destrucción o derrumbamiento del inmueble, sino que comprende, de un modo más preciso, el cúmulo de defectos que, dada su naturaleza y gravedad, pueden conllevar al perecimiento del bien o, en su caso, a la imposibilidad de ser destinado a la función o finalidad que le es propia.

2.3.2.2. CLASES DE RUINA

De conformidad con la doctrina especializada[185], la ruina admite diferentes clasificaciones, a saber:

- Según la extensión: Conforme a este criterio, la ruina puede ser total o parcial. En el primer caso, los defectos comprometen la seguridad, la habitabilidad o funcionalidad de todo el inmueble o de la edificación. En el segundo caso, los defectos se concentran en una parte sustancial o considerable del inmueble.
- Según la naturaleza: Conforme a este criterio, la ruina puede ser material o funcional. En el primer caso, la ruina es de carácter estructural, es decir, los defectos derivan en una desintegración de la obra, en la destrucción o afectación física del complejo inmobiliario. En el segundo caso, la naturaleza de los defectos, si bien pueden no comprometer la estructura del inmueble, impiden su habitabilidad o funcionalidad. En otras palabras, los defectos evidenciados

---

bientales o de ordenamiento territorial", o de aquella edificación que amenaza ruina, "para facilitar la evacuación de personas, para superar o evitar incendios, o para prevenir una emergencia o calamidad pública" (art. 194). Por lo expuesto, bien puede estimarse que el glosado interdicto y los respectivos remedios policivos, confirman el carácter relativo del derecho real de dominio; por lo tanto, si bien el propietario ejerce un señorío sobre el bien, no por ello puede afectar con su desidia o negligencia (ruina de la edificación) el derecho ajeno o los intereses de terceros (concreción del conocido postulado de prohibición del abuso del derecho).

184 Sala de lo Civil. Sentencia del 29 de mayo de 1997. M.P. Xavier O´Callaghan Muñoz.

185 Ver, HEREDIA GÓMEZ, La garantía decenal..., Op. Cit. P. 101- 121.

no hacen temer la pérdida de la construcción pero si la tornan inútil para los fines que le son propios.

- Según el estado: Conforme a este criterio, la ruina puede ser presente o futura. Se le llama ruina "presente" a aquella que se ha concretado efectivamente. Por su parte, se le llama ruina "futura" (inminente) a aquella que es de previsible y de inminente ocurrencia en razón de la precaria situación del inmueble o de la edificación. Esta clasificación, es una subespecie de la ruina material.

Si bien lo anterior ofrece un entendimiento más completo del concepto de "ruina", también es cierto que la denuncia de obra vieja se fundamenta, específicamente, en una especie de ruina material e inminente (futura); es decir, a los efectos del interdicto glosado, debe acreditarse que la obra amenaza ruina o, en otras palabras, que es potencial o inminente su destrucción total o parcial. Lo anterior se corrobora en sendas expresiones empleadas por el artículo 988 CC, que dan cuenta de aquellas notas esenciales (inminencia y materialidad) que caracterizan el concepto de "ruina" en el interdicto mencionado, a saber: "el que tema la ruina" (futuridad), "que se mande al dueño de tal edificio derribarlo" (materialidad), "si estuviere tan deteriorado" (materialidad), "si el daño que se teme del edificio no fuere grave" (futuridad). Estas expresiones son indicativas, entonces, de los aspectos que deben acreditarse para configurar la "ruina" como presupuesto de ese interdicto especial.

2.3.2.3. FINALIDADES

De una lectura detenida del artículo 988 CC, es posible inferir las finalidades que subyacen del interdicto de obra ruinosa, a saber:

- La reparación: Según el Diccionario de la Real Academia de la Lengua Española, "reparar" significa "arreglar algo que está roto o estropeado". En ese sentido, una de las finalidades del interdicto de obra ruinosa es la de obtener, cuando sea posible, la inmediata reparación del inmueble que infunde un justo temor de causar un daño en razón de su estado ruinoso.
- La demolición: Según el Diccionario de la Real Academia de la Lengua Española, "demoler" significa "deshacer, derribar, arruinar". En consecuencia, si en atención a la gravedad de la ruina no es posible reparar el inmueble, debe solicitarse la inmediata destrucción de la edificación.

Las pretensiones referidas, según lo expresa el artículo 992 CC, son extensible al peligro que se tema de cualesquiera construcciones; o de árboles mal arraigados, o expuestos a ser derribados por casos de ordinaria ocurrencia.

En todo caso, las pretensiones de reparación y demolición pueden acumularse subsidiariamente (art. 88-2 CGP), es decir, puede formularse como pretensión principal la demolición o destrucción de la obra ruinosa y, en su defecto, como pretensión subsidiaria, la inmediata reparación de la misma. En ese caso, le corresponde al juez de la causa, valoradas las condiciones que rodean la específica situación fáctica, determinar si se ordena la demolición o la reparación del inmueble que amenaza ruina.

No obstante lo anterior, si el daño que se teme del edificio no fuere grave, bastará que el demandado rinda caución de resarcir todo perjuicio que por el mal estado del edificio sobrevenga (art. 988-2 CC).

2.3.2.4. REQUISITOS

- La existencia de una amenaza de "ruina": De allí que el interdicto mencionado proceda cuando se tema (inminencia) que la ruina de un edificio vecino pueda ocasionar algún perjuicio, confiriéndose legitimación al eventual afectado para solicitar judicialmente su destrucción o reparación (materialidad).

Se infiere, además, el que el interdicto de obra ruinosa sólo procede mientras la obra "amenace" ruina, es decir, si el edificio se ha destruido o arruinado, carece de objeto servirse del mentado mecanismo por resultar improcedentes las peticiones de reparación o demolición que son consustanciales a ese interdicto especial.

- La cosa que amenaza ruina debe ser un edificio, construcción o árbol mal arraigado: Esta previsión se infiere con claridad del tenor literal de los artículos 988 y 992 CC.
- Vecindad de los inmuebles: Es una exigencia derivada de los artículos 988 y 990 CC. La vecindad constituye un presupuesto necesario para la procedencia del interdicto de obra ruinosa, pues, en el evento de faltar, carece de objeto instaurarlo ante la ausencia de posibles afectados por la eventual ruina de un inmueble o construcción.
- Eventualidad de un perjuicio: El interdicto de obra ruinosa tiene una finalidad eminentemente preventiva. En ese sentido, sólo podrá instaurarlo quien tema que la ruina de un edificio pueda causarle algún tipo de perjuicio.

2.3.2.5. LA OBRA RUINOSA Y LA INDEMNIZACIÓN DE PERJUICIOS

Como se indicó, el interdicto de obra ruinosa tiene una función esencialmente preventiva. Y en mérito de aquella función, aquel que tema la ruina de una obra está legitimado para solicitar judicialmente su demolición o reparación, según el caso.

No obstante, las normas regulatorias del interdicto mencionado consagran el derecho de indemnización a favor de quien ha sufrido un perjuicio con ocasión de la efectiva concreción de la ruina, es decir, a causa de la destrucción por la mala condición de la edificación.

En tal sentido, establece el artículo 990 CC:

> **Si notificada la querella**, cayere el edificio por efecto de su mala condición, se indemnizará de todo perjuicio a los vecinos; pero si cayere por caso fortuito, como

> avenida, rayo o terremoto, no habrá lugar a indemnización; a menos de probarse que el caso fortuito, sin el mal estado del edificio, no lo hubiera derribado.

El referido derecho, sin embargo, está sometido a una condición: la notificación de la demanda al dueño de la obra. En esa medida, ante la ocurrencia de la ruina, debe establecerse si la demanda se había notificado previamente, en aras de determinar si el accionante tiene derecho a recibir la respectiva indemnización.

Por lo tanto, según la inteligencia normativa, habrá dos eventos en los que los afectados no tendrían derecho a indemnización alguna:

- Cuando sucede la ruina del edificio sin haberse notificado la demanda a los demandantes.
- Cuando, a pesar de haberse configurado la destrucción de la obra y notificado la demanda con antelación a ese suceso, la ruina tuviere por causa un hecho constitutivo de fuerza mayor o caso fortuito, causales eximentes de responsabilidad. Pero habrá lugar a la referida indemnización, si se prueba que el caso fortuito o la fuerza mayor destruyeron la obra a consecuencia del mal estado de la misma.

A pesar de la claridad normativa, aún subsiste una pregunta ¿qué ocurre cuando se configura la ruina del inmueble sin que la haya precedido la notificación de la demanda? O, en otras palabras ¿pueden los vecinos solicitar la indemnización de perjuicios cuando no se haya notificado la demanda con antelación a la ruina de la obra?

Al respecto, la Sala de Casación Civil de la Corte Suprema de Justicia, desde tiempo atrás, ha tenido la oportunidad de manifestarse frente a este punto concreto. Al respecto puntualizó (ideas que, por su importancia, nos permitimos transcribir *in extenso*):

> "Dispone en efecto el artículo 988 del Código Civil que quien "tema que la ruina de un edificio le pare perjuicio, tiene derecho a querellarse al juez para que se mande al dueño de tal edificio derribarlo si estuviere tan deteriorado que no admita reparación; o para que si la admite, se le ordene hacerla inmediatamente". El artículo 990 ibídem prescribe que "si notificada la querella, cayere el edificio por efecto de su mala condición se indemnizará de todo perjuicio a los vecinos; pero si cayere por caso fortuito, como avenida, rayo o terremoto, no habrá lugar a indemnización, a menos de probarse que el caso fortuito sin el mal estado del edificio, no lo hubiera derribado". Y finalmente estatuye el artículo 991 ibídem que "no habrá lugar a indemnización, si no hubiere precedido notificación de la querella".
>
> Los preceptos anteriores se refieren a los vecinos que, teniendo conocimiento del mal estado del edificio contiguo, temen que su ruina les cause perjuicios, para el efecto de autorizarlos a promover contra el dueño el interdicto de obra vieja a fin de obtener que éste derribe o repare esa construcción, según el caso. Si el edificio se derrumba los vecinos lesionados por la caída tienen derecho al resarcimiento de los daños si propusieron y notificaron la querella antes de producirse la ruina; en caso contrario, no podrán exigir la indemnización. Tales normas contemplan una relación de vecindad e imponen a los vecinos que pueden y deben darse cuenta del mal estado y del inminente peligro de ruina que ofrece la construcción aledaña la obligación de contribuir a precaver los posibles daños de ésta mediante la promoción y notificación de la querella de obra vieja. **La abstención en**

> **el cumplimiento de esta obligación priva a dichos vecinos del derecho a la reparación de los perjuicios que les cause la caída del edificio, y ello porque esa omisión constituye una culpa que hace presumir que los propios vecinos se expusieron voluntariamente a las consecuencias nocivas de dicha ruina.** Por donde se ve que el aludido interdicto de obra vieja no es un derecho renunciable a su arbitrio por los vecinos conocedores del peligro que ofrece el mal estado de la construcción contigua sino **una obligación de vecindad establecida en provecho recíproco de los mismos vecinos.** Quien incumple tal obligación incurre en una culpa que compensa o purga la del dueño de la edificación que se derruye por falta de las reparaciones necesarias o por cualquier otro descuido.
>
> Como ya ha tenido la oportunidad de anotarlo la Corte, la doctrina anterior concierne a los vecinos que tienen conocimiento cierto del mal estado del edificio contiguo y de su inminente peligro de ruina, pero no a los vecinos que ignoran estas circunstancias por no estar a su alcance percibirlas, de modo que la situación y el derecho de resarcimiento de estos últimos se rigen y quedan amparados por la regla del artículo 2350, citado, y no están subordinados a la notificación previa del interdicto de obra vieja que consagran los artículos 988 y siguientes del Código Civil (XLIX, 1959, 852)"[186].

Como se infiere con claridad del razonamiento judicial, si los vecinos, estando obligados a advertir la situación de ruina del predio colindante, no cumplieren con aquella carga de instaurar y notificar oportunamente la demanda de obra vieja para apercibir los daños que pudiere causar la amenaza de ruina, no podrán, posteriormente, excusarse en su negligencia para obtener, por la vía de la responsabilidad civil extracontractual (art. 2350 CC), la indemnización de perjuicios que la ruina del inmueble les ha causado.

En otras palabras, la advertencia del mal estado de la obra, así como de su inminente ruina, constituye una carga de sagacidad derivada de las relaciones de vecindad. Por lo tanto, si los vecinos, por desidia, omiten actuar con diligencia debida, la misma que se traduce en promover y notificar oportunamente la demanda respectiva, no podrán aducir su propia culpa para requerir del dueño de la obra, en el futuro, la indemnización de perjuicios causados por la ruina de la edificación ¿por qué? Básicamente por dos razones. En primer lugar, porque, según enseña un clásico axioma del derecho, nadie puede beneficiarse de su propia culpa (*nemo auditur propriam turpitudimem allegans*), y, en segundo lugar, porque la conducta negligente del vecino da lugar a una compensación de culpas que libera al dueño de la obra de su responsabilidad indemnizatoria (art. 2357 CC).

Las reflexiones anteriores permiten hacer claridad sobre las diferencias entre los supuestos de hecho consagrados por los artículos 988 (a 991) y 2350 CC. Para explicitarlas, es conveniente trascribir el contenido de los artículos 988, 990, 991 y 2350 CC:

> Artículo 988: "El dueño de un edificio es responsable de los daños que ocasione su ruina, acaecida por haber omitido las reparaciones necesarias, o por haber faltado de otra manera al cuidado de un buen padre de familia.

---

[186] Corte Suprema de Justicia. Sala de Casación Civil. Sentencia de diciembre 4 de 1963. M.P. Enrique López de la Pava.

No habrá responsabilidad si la ruina acaeciere por caso fortuito, como avenida, rayo o terremoto.

Si el edificio perteneciere a dos o más personas proindiviso, se dividirá entre ellas la indemnización, a prorrata de sus cuotas de dominio".

Artículo 990: "Si notificada la querella, cayere el edificio por efecto de su mala condición, se indemnizará de todo perjuicio a los vecinos; pero si cayere por caso fortuito, como avenida, rayo o terremoto, no habrá lugar a indemnización; a menos de probarse que el caso fortuito, sin el mal estado del edificio, no lo hubiera derribado".

Artículo 991: "No habrá lugar a indemnización, si no hubiere precedido notificación de la querella".

Artículo 2350: "El dueño de un edificio es responsable de los daños que ocasione su ruina, acaecida por haber omitido las reparaciones necesarias, o por haber faltado de otra manera al cuidado de un buen padre de familia.

No habrá responsabilidad si la ruina acaeciere por caso fortuito, como avenida, rayo o terremoto.

Si el edificio perteneciere a dos o más personas proindiviso, se dividirá entre ellas la indemnización, a prorrata de sus cuotas de dominio".

De una comparación entre los textos normativos, es posible identificar, como se indicó, las diferencias esenciales entre el interdicto de obra vieja y la responsabilidad civil extracontractual por los daños ocasionados por edificio en ruina, a saber:

- Mientras el interdicto de obra ruinosa, según se dejó establecido en líneas anteriores, tiene una función eminentemente preventiva; en el caso previsto por el artículo 2350 CC, la pretensión de responsabilidad civil extracontractual tiene una finalidad estrictamente indemnizatoria.
- En mérito de lo anterior, mientras el interdicto de obra vieja se fundamenta en un concepto de ruina inminente o futura; la pretensión indemnizatoria derivada del artículo 2530 CC, se estructura sobre un concepto de ruina presente o actual.
- El interdicto de obra ruinosa, por ser un instrumento encaminado a precaver un daño, no caduca mientras haya un justo motivo de temer su estructuración (art. 1007-2 CC). Por el contrario, la acción para pretender la indemnización de perjuicios por los daños ocasionados por edificio en ruina, sigue las reglas generales de la responsabilidad civil extracontractual[187].

[187] Sobre el particular deben considerarse los artículos 2358, 2535 y 2536 CC. Para un estudio específico sobre los términos de "prescripción" (*rectius* caducidad) de la acción civil, ver: VELÁSQUEZ

No obstante las mentadas diferencias, existe una relación de dependencia entre el interdicto de obra vieja y la responsabilidad civil extracontractual por los daños ocasionados por edificio en ruina; así: sólo los vecinos que han instaurado y notificado el interdicto especial de obra ruinosa, podrán, en concordancia con la jurisprudencia civil, pretender la indemnización por los perjuicios que la obra derruida les hubiese causado. En otras palabras, si bien el dueño de una obra compromete su responsabilidad frente a los terceros por los daños que les haya causado la ruina culposa de la edificación (art. 2530 CC), se excepciona tal principio en el caso previsto por el artículo 991 CC, es decir, cuando los vecinos tenían conocimiento del mal estado del edificio y de su inminente peligro de ruina, y se abstuvieron de instaurar y notificar oportunamente el interdicto especial de obra ruinosa.

Tal conclusión fue sostenida por la Corte Suprema de Justicia, al observar:

> "Los preceptos anteriores (se refiere a los artículos 988, 990 y 991) se refieren a los vecinos que, teniendo conocimiento del mal estado del edificio contiguo, temen que su ruina les cause perjuicios, para el efecto de autorizarlos a promover, contra el dueño el interdicto de obra ' vieja a fin de obtener que éste derribe' o repare esa construcción, según el caso. Si el edificio se derrumba los vecinos lesionados por la caída tienen derecho al resarcimiento de los daños si propusieron y notificaron la querella antes de producirse la ruina; en caso contrario, no podrán exigir la indemnización. Tales normas contemplan una relación de vecindad e imponen a los vecinos que pueden y deben darse cuenta del mal estado y del inminente peligro de ruina que ofrece la construcción aledaña la obligación de contribuir a precaver los posibles daños de ésta mediante la promoción y notificación de la querella de obra vieja. La abstención en el cumplimiento de esta obligación priva a dichos vecinos del derecho a la reparación de los perjuicios que le cause la caída del edificio, y ello porque esa omisión constituye una culpa que hace presumir que los propios vecinos se expusieron voluntariamente a las consecuencias nocivas de dicha ruina. Por donde se ve que el aludido interdicto de obra vieja no es un derecho renunciable a su arbitrio por los vecinos conocedores del peligro que ofrece el mal estado de la construcción contigua sino una obligación de vecindad establecida en provecho recíproco de los mismos vecinos. Quien incumple tal obligación incurre en una culpa que compensa o purga la del dueño de la edificación que se derruye por falta de las reparaciones necesarias o por cualquier otro descuido"[188].

POSADA, Obdulio. Responsabilidad Civil Extracontractual. Segunda Edición. Bogotá: Temis-Universidad La Sabana, 2015. P. 29-30.

188 Corte Suprema de Justicia. Sala de Casación Civil. Sentencia de diciembre 4 de 1963. M.P. Enrique López de la Pava. Conclusión que, dada nuestra correspondencia institucional en la materia civil, también es acogida por la jurisprudencia y doctrina chilenas. Al respecto, manifiestan Alessandri, Somarriva y Vodanovich: "La caída de un edificio ruinoso puede dañar a terceros que no son vecinos; a ellos debe indemnizarlos en todo caso el dueño del edificio, conforme a las reglas de las responsabilidad cuasidelictual (art. 2323). La necesidad de que haya precedido la querella no tiene aplicación respecto de los no vecinos, porque ellos, por su falta de proximidad a la cosa ruinosa, no están legitimados para deducir la denuncia en su interés privado, y aunque puedan hacer uso de la acción popular que la ley acuerda en interés general, no están obligados a ello". ALESSANDRI RODRÍGUEZ, Arturo, *et.* al, Derecho Civil. Tratado..., Op. Cit. P. p. 388.

2.3.3. Otros interdictos posesorios especiales[189]

De igual manera, el Código Civil se ocupa de consagrar otros interdictos posesorios especiales que, en razón de su especificidad, es preciso abordar haciendo una precisa identificación de su finalidad, a saber[190]:

2.3.3.1. INTERDICTOS RELACIONADOS CON EL USO DE AGUAS

a. Interdicto en relación con obras que tuercen la dirección de las aguas (arts. 993-995 CC): El mentado interdicto está desarrollado en los artículos 993, 994 y 995 del CC:

> Artículo 993: Si se hicieren estacadas, paredes u otras labores que tuerzan la dirección de las aguas corrientes, de manera que se derramen sobre el suelo ajeno, o estancándose lo humedezcan, o priven de su beneficio a los predios que tienen derecho de aprovecharse de ellas, mandará el juez, a petición de los interesados, que tales obras se deshagan o modifiquen y se resarzan los perjuicios.
>
> Artículo 994: Lo dispuesto en el artículo precedente se aplica no sólo a las obras nuevas, sino a las ya hechas, mientras no haya transcurrido tiempo bastante para constituir un derecho de servidumbre.
>
> Pero ninguna prescripción se admitirá contra las obras que corrompan el aire y lo hagan conocidamente dañoso.
>
> Artículo 995:—El que hace obras para impedir la entrada de aguas que no es obligado a recibir, no es responsable de los daños que, atajadas de esa manera, y sin intención de ocasionarlos, puedan causar en las tierras o edificios ajenos.

De las normas trascritas, en su conjunto, es posible advertir los aspectos esenciales del interdicto glosado:

189 Por razones de técnica jurídica, no haremos referencia a la "acción popular" como una especie de interdicto especial. Esta figura, a pesar de su consagración en un código de derecho privado -artículos 1005 y 1006 CC-, tiene matices propios del derecho público. Lo anterior se manifiesta en su regulación específica mediante L. 472 de 1998, y en el hecho de garantizar la defensa y protección de los derechos e intereses colectivos.

190 Para una adecuada exposición de los interdictos posesorios especiales, se acogerán los criterios de clasificación esbozados por los profesores Arturo Alessandri y Manuel Somarriva. Al respecto, ver: ALESSANDRI RODRÍGUEZ y SOMARRIVA UNDURRAGA, Los bienes..., Op. Cit. P. 957-962.

Procedencia	Finalidad	Improcedencia de la obligación indemnizatoria	Prescripción
Cuando sobre un predio se ejecutaren obras encaminadas a modificar su cauce o dirección, conllevando una afectación para los predios vecinos o colindantes, el perjudicado podrá servirse del mentado interdicto especial. Así pues, la perturbación se concreta, en este caso, en la existencia de obras nuevas (en ejecución) o concluidas (ejecutadas) que, al variar el curso de las aguas corrientes, o bien se derraman o se estacan en suelo ajeno, o bien, privan de su beneficio a los predios que tienen derecho a aprovecharse de aquellas.	El interdicto referido se encamina a hacer cesar un acto de perturbación y, concretamente, a deshacer o modificar las obras que están afectando el buen estado de los predios colindantes. Por lo mismo, el afectado puede pretender, adicionalmente, la respectiva indemnización de perjuicios por los daños que las obras le causaron a su predio.	De conformidad con lo establecido en el art. 995 CC, se infiere que no ha lugar a la pretensión indemnizatoria cuando las obras ejecutadas se encaminaron a impedir la entrada de aguas a un predio que no se hallaba en el deber legal de recibirlas (art. 891 CC). Este requisito, de carácter objetivo, debe sumarse a otro de índole subjetiva: que aquel que ejecutó las obras no haya obrado con la intención manifiesta de causar perjuicios a los predios colindantes.	Se infiere del artículo 994-1 CC, que el mentado interdicto podrá instaurarse en cualquier momento, a menos que haya transcurrido tiempo bastante para constituir un derecho de servidumbre (art. 939-2 CC).

b. Interdicto en relación con el estancamiento del agua o desviación de su cauce por los materiales que acarrea (arts. 996 CC): El mentado interdicto está consagrado en el artículo 996 CC:

> Artículo 996.—Si corriendo el agua por una heredad se estancare o torciere su curso, embarazada por el cieno, piedras, palos u otras materias que acarrea y deposita, los dueños de las heredades en que esta alteración del curso del agua cause perjuicio, tendrán derecho para obligar al dueño de la heredad en que ha sobrevenido el embarazo, a removerlo, o les permita a ellos hacerlo, de manera que se restituyan las cosas al estado anterior.
>
> El costo de la limpia o desembarazo se repartirá entre los dueños de todos los predios, a prorrata del beneficio que reporten del agua.

Procedencia	Finalidad
Cuando se configura una alteración del cauce del agua por hechos naturales, afectando los intereses de los predios vecinos o colindantes, los perjudicados podrán servirse del mentado interdicto especial. En este caso, a diferencia del anterior, la variación del cauce no se debe a la ejecución de obras construidas por el propietario de un predio; por el contrario, tal evento se presenta por razones estrictamente naturales, es decir, el agua se estanca o su cauce varía por razón del cieno, piedras, palos u otras materias que acarrea y deposita.	En este evento, los perjudicados tienen un **derecho de opción**, es decir, (i) podrán obligar al dueño de la heredad en que ha sobrevenido el embarazo, a removerlo, o (ii) podrá autorizarlos para que ellos lo hagan, de manera que se restituyan las cosas al estado anterior. Como bien lo determina el colofón de la norma, el costo de la limpieza o desembarazo se repartirá entre los dueños de todos los predios, a prorrata del beneficio que reporten del agua.

Finalmente, como bien se advirtió en su momento, la doctrina ha discutido la naturaleza posesoria del referido interdicto, en los siguientes términos:

"La acción reconocida a los dueños de las heredades en que la alteración del curso del agua causa perjuicio, para pedir a su elección que el dueño de la heredad en que ha sobrevenido el embarazo lo remueva, o que se les permita a ellos hacerlo, no es una acción posesoria, porque no hay ningún acto humano de perturbación posesoria"[191].

2.3.3.2. NEGLIGENCIA EN DAR SALIDA A LAS AGUAS DE QUE SE SIRVE UN PREDIO (ART. 997 CC)

El interdicto en referencia está consagrado en el artículo 997 CC:

Artículo 997.—Siempre que de las aguas de que se sirve un predio, por negligencia del dueño en darles salida sin daño de sus vecinos, se derramen sobre otro predio, el dueño de éste tendrá derecho para que se le resarza el perjuicio sufrido, y para que en caso de reincidencia se le pague el doble de lo que el perjuicio le importare.

Procedencia	Finalidad
Cuando el dueño de un predio se sirve de aguas o fuentes hídricas, pero, por descuido o negligencia, no les provee una salida a las mismas para evitar perjuicios a los predios vecinos o colindantes, compromete su responsabilidad patrimonial. En este caso, por lo tanto, si bien es legítimo el derecho a servirse de las aguas, no lo es el resultado dañino que se causa por la omisión del interesado en ofrecerles una salida que no afecte los intereses de terceros.	El interdicto, en consecuencia, tiene una finalidad esencialmente indemnizatoria. Una vez configurado el daño, el afectado se propone obtener el pleno resarcimiento de los perjuicios causados por el vertimiento ilegítimo de las aguas a su predio o heredad.

La norma, adicionalmente, establece una sanción especial en caso de reincidencia: en tal evento, el agente del daño deberá pagar el doble de lo que el perjuicio le importare. Esta pretensión, concretamente, tiene un propósito disuasivo, es decir, una vez configurado el daño, se previene al causante que, en el supuesto de reincidir, le será impuesta, a título de pena, la obligación de pagar el doble del valor del perjuicio generado[192].

---

191 Ibíd. p. 959.

192 A modo de reflexión, conviene preguntarse si aquella sanción especial guarda alguna semejanza con la figura de los "daños punitivos" (*punitive damages*), entendidos éstos como una institución que, además de su naturaleza sancionatoria o punitiva, se encamina a disuadir, por vía del temor a la imposición de un multa, aquellas conductas que se estiman contrarias al orden, la seguridad y la estabilidad sociales. Para un estudio específico del tema, ver: GARCIA MATAMOROS, Laura Victoria y HERRERA LOZANO, María Carolina. El concepto de los daños punitivos o punitive damages. Estud. Socio-Juríd [online]. 2003, vol.5, n.1 [citado 2016-12-06], pp.211-229. Disponible en: <http://www.scielo.org.co/scielo.php?script=sci_arttext&pid=S0124-05792003000100006&lng=en&nrm=iso>. ISSN 0124-0579.

2.3.3.3. *INTERDICTO PARA IMPEDIR DEPÓSITOS O CORRIENTES DE AGUA O MATERIAS HÚMEDAS O PLANTACIONES (ART. 998 CC)*[193]

El interdicto aludido está contenido en el artículo 998 CC:

> Artículo 998.—El dueño de una casa tiene derecho para impedir que cerca de sus paredes haya depósitos o corrientes de agua o materias húmedas que puedan dañarla.
>
> Tiene asimismo derecho para impedir que se planten árboles a menos distancia que la de quince decímetros, ni hortalizas o flores a menos distancia que la de cinco decímetros.
>
> Si los árboles fueren de aquellos que extienden a gran distancia sus raíces, podrá el juez ordenar que se planten a la que convenga para que no dañen a los edificios vecinos; el máximum de la distancia señalada por el juez será de cinco metros.
>
> Los derechos concedidos en este artículo subsistirán contra los árboles, flores u hortalizas plantadas, a menos que la plantación haya precedido a la construcción de las paredes.

Procedencia	Finalidad	Improcedencia
La norma es suficientemente clara en sus diferentes supuestos. El interdicto mencionado procede cuando se tema la configuración de daños eventuales a causa de la existencia de depósitos de agua o materias húmedas cercanas a las paredes de un inmueble. De igual manera, se concede la misma protección respecto de árboles, plantas o flores que se planten a una distancia inferior a la legalmente permitida.	El interdicto glosado tiene una finalidad esencialmente preventiva. Como bien lo sugiere la norma, es un mecanismo orientado a evitar la estructuración de daños futuros derivados de la configuración de un supuesto de hecho específico, a saber: la existencia de depósitos de agua o materias húmedas cercanas a las paredes de un inmueble; así como la siembra de árboles, plantas o flores a una distancia inferior a la legalmente permitida.	No ha lugar a la referida protección en el evento previsto en el colofón de la norma trascrita, es decir, cuando los árboles, plantas o flores hayan sido sembrados con anterioridad a la construcción de la respectiva edificación.

2.3.3.4. *INTERDICTO PARA CONTRARRESTAR INMISIONES DE RAMAS O RAÍCES DE ÁRBOLES AJENOS*

El interdicto aludido está contenido en el artículo 999 CC:

> Artículo 997.—Si un árbol extiende sus ramas sobre suelo ajeno, o penetra en él sus raíces, podrá el dueño del suelo exigir que se corte la parte excedente de las ramas, y cortar él mismo las raíces.

193 En relación con el mentado interdicto, señalan los profesores Alessandri y Somarriva: "(...) no son posesorias las acciones que tiene el dueño de una casa para impedir que cerca de sus paredes haya depósitos o corrientes de agua, o materias húmedas, o para impedir que se planten árboles, hortalizas o flores a menos distancia que la señalada. Trátase de acciones que tienden a hacer efectivas las restricciones del dominio establecidas para evitar, dentro de las relaciones de vecindad, las "inmisiones" o influencias extrañas que, directa o indirectamente, puedan perjudicar, en forma más o menos considerable, la propiedad ajena". ALESSANDRI RODRÍGUEZ y SOMARRIVA UNDURRAGA, Los bienes..., Op. Cit. P. 960.

Lo cual se entiende aun cuando el árbol esté plantado a la distancia debida.

La norma en referencia consagra dos supuesto claramente diferenciables:

Inmisiones de ramas	Inmisiones de raíces
En este caso, el dueño del suelo ajeno que se ve afectado podrá exigir, por vía del interdicto especial y en el contexto de un proceso judicial, que se corten las ramas del árbol que, debido a su extensión, incomodan o perturban al predio vecino o colindante.	En este supuesto, por el contrario, se le concede al afectado el derecho de cortar, por sí mismo, las raíces que han cruzado a su predio. Esta solución, en un todo diferente del caso anterior, ha sido calificada por la doctrina como un evento de justicia privada o un mecanismo excepcional de autotutela.

2.3.3.5. INTERDICTO PARA PERMITIR EL INGRESO A TERRENO AJENO Y RECOGER LOS FRUTOS QUE DAN LAS RAMAS TENDIDAS SOBRE AQUEL

El interdicto aludido está contenido en el artículo 1000 CC:

> Artículo 1000.—Los frutos que dan las ramas tendidas sobre terreno ajeno, pertenecen al dueño del árbol; el cual, sin embargo, no podrá entrar a cogerlos sino con permiso del dueño del suelo, estando cerrado el terreno.
>
> El dueño del terreno será obligado a conceder este permiso; pero sólo en días y horas oportunas, de que no le resulte daño.

Es evidente que los frutos que dan las ramas tendidas sobre suelo ajeno, son propiedad del dueño del árbol, quien, con previo permiso del colindante y sustentado en el ejercicio de su facultad material de goce, puede recogerlos en los días y las horas oportunas, cuidando de no causar daño al titular del predio vecino. En todo caso, ilustra la norma, el dueño del terreno no podrá negarse a permitir el ingreso y, en el evento de hacerlo, será obligado a concederlo.

El supuesto que estructura el interdicto referido, permite dilucidar una restricción al carácter exclusivo del derecho de propiedad, pues el colindante, a pesar de su resistencia, debe permitir que un tercero ingrese a su predio para apropiarse de los frutos que dieron las ramas del árbol ajeno. Justamente, el glosado derecho de vecindad era conocido en el antiguo derecho romano (ley de las XII Tablas) bajo la forma de servidumbre legal, haciendo que "los propietarios tuvieran que tolerar que sus vecinos entraran en la propiedad cada tercer día a recoger frutos caídos de sus árboles (...)"[194].

No obstante lo anterior, el derecho que asiste al dueño de los frutos, en rigor jurídico, no constituye un interdicto posesorio especial. Es decir, pese a la naturaleza normativa que

194 HERRERA ROBLES, Aleksey. Límites constitucionales y legales al derecho de dominio en Colombia. Análisis desde el derecho público. Revista de Derecho, Universidad del Norte, 20, 2003. P. 59. Al respecto, establecía la ley de las XII Tablas: De los derechos prediales. Tabla Octava: (...) 7) Si los frutos del árbol colocado en el linde de un campo caen al del vecino, el dueño de aquel puede entrar en éste y recogerlos".

le adscribe el código civil, el referido instrumento no se encamina a revertir una situación de molestia en el ejercicio de su posesión; por el contrario, instituye, como se expresó, una clara restricción al derecho de propiedad en cabeza del dueño del predio vecino o colindante.

2.3.3.6. INTERDICTO POSESORIO PARA REVERTIR EL EJERCICIO ABUSIVO DE LOS DERECHOS CONCEDIDO

Establecen los artículos 1001 y 1002 CC:

> Artículo 1001.—El que quisiere construir un ingenio o molino, o una obra cualquiera, aprovechándose de las aguas que van a otras heredades o a otro ingenio, molino o establecimiento industrial y que no corren por un cauce artificial construido a expensa ajena, podrá hacerlo en su propio suelo o en suelo ajeno con permiso del dueño; con tal que no tuerza o menoscabe las aguas en perjuicio de aquellos que ya han levantado obras aparentes con el objeto de servirse de dichas aguas, o que de cualquiera otro modo hayan adquirido el derecho de aprovecharse de ellas.
>
> Artículo 1002.—Cualquiera puede cavar en suelo propio un pozo, aunque de ello resulte menoscabarse el agua de que se alimenta otro pozo; pero si de ello no reportare utilidad alguna, o no tanta que pueda compararse con el perjuicio ajeno, será obligado a segarlo.

En la especial casuística del código civil, los artículos 1001 y 1002 se ocupan de tutelar derechos especiales en cabeza del propietario, de cuyo ejercicio, en todo caso, no puede derivarse una afectación a los legítimos intereses de terceros. En efecto, las normas citadas regulan sendas situaciones que, además de necesaria cortapisa a la explotación inconsulta de la propiedad inmobiliaria, limitan el carácter absoluto del derecho de dominio, en aras de prohibir su ejercicio abusivo y desmedido.

2.3.3.7. PRESCRIPCIÓN DE LOS INTERDICTOS POSESORIOS ESPECIALES

Si bien se ha hecho referencia a la prescripción *–rectius* caducidad- de algunos interdictos posesorios especiales, es conveniente reproducir el sentido del artículo 1007 CC que, en relación al tema específico, dispone:

> Artículo 1007.—Las acciones concedidas en este título para la indemnización de un daño sufrido, prescriben para siempre al cabo de un año completo.
>
> Las dirigidas a precaver un daño no prescriben mientras haya justo motivo de temerlo.
>
> Si las dirigidas contra una obra nueva no se instauraren dentro del año, los denunciados o querellados serán amparados en el juicio posesorio, y el denunciante o querellante podrá solamente perseguir su derecho por la vía ordinaria.
>
> Pero ni aun esta acción tendrá lugar cuando, según las reglas dadas para las servidumbres, haya prescrito el derecho.

Para graficar lo anterior, transcribimos las reflexiones de los profesores Alessandri y Somarriva:

"Por tanto y si, por ejemplo, el dueño de una heredad construye una obra voladiza que atraviesa el plan vertical de la línea divisoria con el predio vecino, el dueño de este último podrá instaurar la denuncia de obra nueva dentro del lapso de un año, contado desde que ella empezó a ejecutarse; si deja transcurrir el plazo, sólo podrá hacerlo por la vía ordinaria; y si deja pasar cinco años –en nuestro caso, diez años-, ya tampoco podrá entablar la acción ordinaria declarativa de su derecho para hacer destruir esa obra, porque las servidumbres continuas y aparentes, como la de que se trata, se adquieren por prescripción de cinco años –en Colombia, se reitera, la prescripción es de 10 años, según las previsiones del artículo 939-2 CC-"[195].

195 ALESSANDRI RODRÍGUEZ y SOMARRIVA UNDURRAGA, Los bienes..., Op. Cit. P. 967 y 968.

CAPÍTULO IV

LA QUERELLA DE RESTABLECIMIENTO

1. NOCIÓN

Es un mecanismo judicial consagrado al tenor del artículo 984 CC:

> Artículo 984.—Todo el que violentamente ha sido despojado, sea de la posesión, sea de la mera tenencia, y que por poseer a nombre de otro, o por no haber poseído bastante tiempo, o por otra causa cualquiera, no pudiere instaurar acción posesoria, tendrá, sin embargo, derecho para que se restablezcan las cosas en el estado en que antes se hallaban, sin que para esto necesite probar más que el despojo violento, ni se le pueda objetar clandestinidad o despojo anterior. Este derecho prescribe en seis meses.

Como se infiere de la norma, la metada querella es el instrumento procesal que se orienta a revertir el despojo violento de la posesión o de la mera tenencia. Es, por lo tanto, un mecanismo judicial que, como lo sugiere su *nomen*, busca restablecer el *stato quo*, es decir, volver las cosas al estado anterior del despojo y, en consecuencia, restituir al poseedor o al mero tenedor a su situación inicial.

2. NATURALEZA JURÍDICA

La doctrina ha disertado extensamente sobre la naturaleza jurídica de la acción (pretensión) de restablecimiento. Al respecto, se han formulado dos concepciones contrarias:

a. Carácter posesorio de la "acción de restablecimiento": En efecto, el artículo 984, alusivo a la mentada pretensión, hace parte del título XIII del Libro Segundo del Código Civil, referente a las acciones posesorias. Por lo tanto, la naturaleza posesoria de la querella de restablecimiento se puede inferir, según esta concepción, a partir de su especial ubicación dentro del Código Civil.

Ahora bien, no riñe con el carácter posesorio de la acción de restablecimiento, el hecho de haberse extendido la protección a los supuestos de mera tenencia; pues, en el sentir de la glosada concepción, el mero tenedor representa al poseedor, y consecuencia, aunque de un modo indirecto, la tutela de la mera tenencia está en estrecha relación con la protección de la posesión.

b. Carácter policivo de la "acción de restablecimiento": En sentido contrario a la concepción esbozada, se ha considerado que la pretensión de restablecimiento tiene carácter eminentemente policivo. Su naturaleza, en consecuencia, se infiere del alcance del referido instrumento judicial, pues su protección comprende, no sólo la posesión, sino los derechos derivados de la mera tenencia.

Ahora bien, el hecho de que esta "acción" se halle ubicada en el título correspondiente a las acciones posesorias, no es un argumento concluyente para establecer con precisión su naturaleza jurídica. En primer lugar, el colofón del artículo 984, establece que, una vez "restablecidas las cosas y asegurado el resarcimiento de daños, podrán intentarse por una u otra parte las **acciones posesorias** que correspondan". Repárese que la norma empleó la expresión "las acciones posesorias", dando a entender que la querella de restablecimiento carece de tal connotación y, por lo mismo, si la intención del legislador hubiese sido la de concederle tal naturaleza, habría empleado la expresión "las **otras** acciones posesorias". Esta misma reflexión se confirma con la expresión "no pudiere instaurar acción posesoria", empleada en el primer inciso de la norma referida. Si fuese una acción posesoria, el texto normativo habría empleado la expresión "no pudiere instaurar **otra** acción posesoria".

Estas reflexiones, por lo tanto, conducen a pensar que la pretensión de restablecimiento, ideas a las que adherimos plenamente, tiene connotación "personal, delictual, destinada a garantizar la paz social, a sancionar el principio de que nadie puede hacerse justicia por sí mismo; es simplemente una medida de policía y una acción personal dirigida a reparar el daño"[196].

3. CARACTERÍSTICAS

a. La querella de restablecimiento puede ser instaurada por quien ejerza posesión o mera tenencia. Como bien se infiere del artículo 984 CC, y a diferencia de las acciones posesorias, no se requiere acreditar un mínimo de tiempo para servirse del mentado remedio judicial, "por manera que si el despojo se realiza al minuto siguiente de haber entrado el querellante en la posesión o tenencia (...), está autorizado para hacer valer dicha querella"[197].

---

196 Ibíd. P. 919.

197 Ibid. p. 921. Al respecto, sostiene el profesor Valencia Zea: "Piénsese por un momento en las críticas situaciones que se seguirían, si el Código Civil solo dispusiera de las acciones posesorias comunes (...). Los arrendatarios, depositarios, comodatarios y, en general, los que poseen en nombre ajeno en virtud de un derecho personal, podrían ser despojados de sus cosas por cualquiera, y carecerían de toda acción para recurrir a la justicia, pues no son titulares de las acciones posesorias comunes (..). Finalmente, los que no han poseído durante un año o no puedan acreditar dicho tiempo de posesión, [podrían] ser molestados por cualquiera, e inclusive, despojados violentamente". VALENCIA ZEA y ORTIZ MONSALVE. Derecho Civil..., Op. Cit. p. 97.

b. Estructuración del despojo violento de la posesión o de la mera tenencia. El despojo, como presupuesto de la querella, puede ser actual o inminente. En el primer caso, se concreta mediante actos materiales destinados a usurpar la detentación ejercida por el querellante (violencia física, material o *vis absoluta*); en el segundo caso, por su parte, se hace consistir en actos de amenaza que infunden al querellante un justo temor de verse expuesto a un mal grave e irreparable (violencia moral, psicológica o *vis compulsiva*)[198].

c. La fuerza o violencia que da paso al ejercicio de la querella, debe ser ilícita, injusta o ilegítima. En consecuencia, si el despojo es consecuencia de un acto legítimo de autoridad pública o judicial, no ha lugar a la prosperidad de la pretensión de restablecimiento.

d. La querella de restablecimiento ampara la posesión y la tenencia ejercida sobre bienes muebles e inmuebles. Al respecto, conviene precisar que el artículo 984 no restringe la protección a los bienes inmuebles; por lo tanto, allí donde no haya distinguido el legislador, no les es dado al intérprete distinguir. Además, como enseña el profesor Valencia Zea, la norma referida se "encuentra en armonía con la tradición –canónica- de donde ha salido el régimen del art. 984, y finalmente, con las enseñanzas del derecho comparado"[199].

e. La oportunidad para promover la querella de restablecimiento caduca al cabo de seis meses de haberse configurado el despojo violento.

4. LA QUERELLA DE RESTABLECIMIENTO Y LAS "ACCIONES POSESORIAS"

Habiendo descrito la naturaleza y características de la querella de restablecimiento, es conveniente precisar el sentido del segundo inciso del artículo 984 CC, que establece:

> "(…) Restablecidas las cosas y asegurado el resarcimiento de daños, podrán intentarse por una u otra parte las acciones posesorias que correspondan".

Una disposición de tal naturaleza carece de todo sentido práctico. Es decir, es sabido que la querella de restablecimiento y las acciones posesorias comunes se encaminan a

---

198 En alusión a la jurisprudencia chilena, enseña, con admirable claridad, los profesores Alessandri y Somarriva: "(...) los tribunales han dicho uniformemente que la sola presencia de un grupo armado de particulares o de la fuerza pública usada ilegalmente para cometer el despojo, constituye un acto violento, aunque los individuos con armas no muevan un dedo: su simple presencia basta para infundir temor de exponerse a un mal grave si se pretende resistir. Con razón Daniel Defoe decía: "Fear of danger is ten thousand times more terrifyng than danger itself..." O sea: "El miedo del peligro es diez mil veces más terrorífico que el peligro mismo". ALESSANDRI RODRÍGUEZ y SOMARRIVA UNDURRAGA, Los bienes..., Op. Cit. P. 921-922.

199 VALENCIA ZEA y ORTIZ MONSALVE. Derecho Civil..., Op. Cit. p. 98.

alcanzar idénticas finalidades, estos es, a revertir los actos de violencia, potenciales o reales, y, en general, a sancionar los demás hechos ilícitos que afectan el hecho posesorio. En consecuencia, si ambos mecanismos se orientan a propósitos similares ¿qué sentido tiene, una vez restablecidas las cosas a su estado anterior, intentar las acciones posesorias comunes? Esta posibilidad, en estricto sentido, no hace más que insistir sobre lo mismo: pretender el mantenimiento del *stato quo*; por lo tanto, realizado "un despojo, si el despojado lo prueba por el sistema del art. 984, ¿para qué volver a discutir el problema si las acciones posesorias de derecho común no tienen más objeto que el de estudiar si realmente se realizó el despojo? Lo único que las partes pueden volver a discutir es quién tiene legítimo derecho a poseer; y esto solo puede hacerse mediante el ejercicio de acciones reales o de acciones personales"[200].

5. DIFERENCIAS ENTRE LA QUERELLA DE RESTABLECIMIENTO Y LAS ACCIONES POSESORIA

Son evidentes las diferencias entre la querella de restablecimiento y las acciones posesorias, a saber:

a. Las acciones posesorias sólo pueden ser interpuestas por el poseedor de bienes raíces; por el contrario, la querella de restablecimiento puede ser instaurada por el poseedor o mero tenedor, sea de bienes muebles o sea de bienes inmuebles.
b. Las acciones posesorias exigen, como mínimo, un año de posesión para ser interpuestas; por el contrario, la querella de restablecimiento no precisa de un tiempo mínimo para ser instaurada.
c. Las acciones posesorias caducan al cabo de un año; por su parte, la querella de restablecimiento caduca al cabo de seis meses[201].

---

200 Ibíd. P. 99. Y ejemplifica: "Pedro descubre en poder de Juan la cosa que este le había robado, y se la arrebata. Juan instaura la acción de despojo (art. 984) contra Pedro, y sale vencedor. Lo único que puede hacer ahora Pedro será reivindicar, o sea, probar que es el verdadero propietario. Pedro arrebata a Juan el inmueble que le había arrendado; Juan instaura la acción (art. 984) contra Pedro, y vence. En este caso, Pedro sólo puede ejercer la acción de lanzamiento". Ibíd.

201 De una lectura detenida del artículo 984 CC, se infiere que el término de caducidad empieza a contarse a partir del acto despojo, sin que sea posible, por la concisión de la norma, acoger las opciones previstas en el artículo 976 CC, en relación con el cómputo del término de caducidad de la acción posesoria de recuperación.

CAPÍTULO V

DE LA ACCIÓN PUBLICIANA

1. NOCIÓN

Es un mecanismo judicial consagrado en el artículo 951 CC:

> Artículo 951.— Se concede la misma acción aunque no se pruebe dominio, al que ha perdido la posesión regular de la cosa, y se hallaba en el caso de poderla ganar por prescripción.
>
> Pero no valdrá ni contra el verdadero dueño, ni contra el que posea con igual o mejor derecho.

La acción (pretensión) publiciana, en los términos del Código Civil, está instituida como medio de protección de los intereses del poseedor regular. Se le ha considerado una acción reivindicatoria especial[202], que aspira a tutelar el hecho posesorio derivado

[202] Sobre las diferencias entre la acción reivindicatoria general (art. 950 CC) y la acción reivindicatoria especial (art. 951), la Sala de Casación Civil de la Corte Suprema de Justicia, sostuvo: "Auncuando ambas acciones persiguen el mismo objeto, la una exige en el actor la calidad de dueño, mientras que la otra sólo requiere su condición de poseedor regular. Hay, pues, en cuanto a la *legitimatio ad causam activa* -presupuesto de la acción-, fundamental diferencia entre las dos. Y por ende la *causa petendi* es distinta según se ejercite una u otra. Así, pues, la acción reivindicatoria corresponde al dueño de una cosa singular a quien se ha privado de la posesión material. "Se concede la misma acción -dice el artículo 951 del C. C.- aunque no se pruebe dominio, al que ha perdido la posesión regular de la cosa y se hallaba en el caso de poderla ganar por prescripción" (...). Precisadas las diferencias de las dos acciones, conviene advertir que ellas no pueden ejercitarse conjuntamente sino en forma subsidiaria o condicional, pues no se concibe que el actor afirme al mismo tiempo su carácter de dueño del inmueble reivindicado, y su condición de poseedor regular en vía de ganarlo por usucapión". Sentencia del 2 de diciembre de 1954. M.P. Manuela Barrera Parra. Y, posteriormente, observó: "... los dos preceptos sustantivos contenidos en los artículos 950 y 951 consagran el ejercicio de acciones cuya naturaleza no se puede confundir; la una, acción simple y ordinaria de dominio que es la que tiene el dueño de una cosa singular, individualizada para que el poseedor demandado se la restituya; la otra, que es la clásica acción publiciana del derecho romano, se otorga a quien, aunque no pruebe el dominio, ha perdido 'la posesión regular de la cosa y se hallaba en el caso de poderla ganar por

de un justo título y adquirido con buena fe[203]. Esta acción, en consecuencia, sirva a los propósitos del poseedor regular quien, dada su especial condición, está en el caso de poder ganar por usucapión el dominio de una cosa, mueble o inmueble, en el término de tres o cinco años, respectivamente[204].

2. TELEOLOGÍA

Como es sabido, la acción publiciana, que tiene sus antecedentes en el derecho romano[205], tiene como finalidad proteger a quien ejerce una posesión cualificada (justo título y buena fe) y está en mejores condiciones de adquirir el derecho de propiedad por usucapión. En palabras de Alessandri:

---

prescripción. Estas acciones se diferencian no sólo por el contenido que debe informar las súplicas a la jurisdicción sino por los fundamentos de hecho que las configuran". Sentencia del 16 de julio de 1955. M.P. Ignacio Gómez Posse.

203 La doctrina especializada ha diferenciado dos clases de buena fe: subjetiva y objetiva. La primera, en materia de posesión, se refiere a la convicción que tiene una persona de estar adquiriendo un bien por medios legítimos, es decir, exentos de fraude y de todo otro vicio (art. 768 CC). Se le dice subjetiva porque parte del convencimiento de la persona de estar adquiriendo un bien, mueble e inmueble, de manos del verdadero dueño y de estarlo haciendo por medios legítimos, esto es, exentos de fraude o cualquiera otro vicio. La segunda, por su parte, se refiere a una regla de conducta en el marco de las relaciones contractuales, es decir, la buena fe objetiva se traduce en el obrar honesto, probo y trasparente que deben observar las partes durante el desarrollo del *iter contractus* (arts. 1603 CC y 863 Cco). En virtud de esta buena fe, en consecuencia, las partes se comprometen a actuar honestamente, en forma honrada, es decir, a no afectar el interés del otro contratante y, en general, a proceder lealmente durante las fases de formación y ejecución del contrato.

204 En Colombia, la Ley 791 de 2002 redujo los términos de prescripción. Recuérdese que, antes de la modificación introducida por la citada ley, el término de prescripción adquisitiva ordinaria, para los bienes muebles, era de tres (3) años y para los inmuebles, de diez (10) años. La ley (artículo 4), modificando el inciso primero del artículo 2529 CC, redujo la usucapión ordinaria de bienes inmuebles a cinco (5) años. Por su parte, en tratándose de la usucapión extraordinaria, que otrora fuera de treinta años (30) y, posteriormente, bajo el imperio de la L. 50 de 1936 de veinte (20) años, fue reducida por la L. 791 de 2002 a diez (10) años (art. 1).

205 "La acción de que hablamos recibió el nombre de publiciana (publiciana in rem actio), porque fue creada por un pretor llamado Publicio. La fecha de que data es objeto de controversia, pues hubo tres pretores de distintas épocas con el nombre de Publicio: es probable que surgiera en el último siglo antes de la Era Cristiana". ALESSANDRI RODRÍGUEZ y SOMARRIVA UNDURRAGA, Los bienes..., Op. Cit. P. 815. En el mismo sentido, mediante sentencia del 2 de diciembre de 1954, expresa la Sala de Casación Civil de la Corte Suprema de justicia: "En esta norma –refiriéndose al artículo 951 CC- (igual al artículo 894 del Código Civil de Chile) se consagró la acción publiciana del Derecho Romano, así llamada por atribuirse al Pretor Publicius. Ella se daba a quien se había entregado una cosa por justa causa y por quien no era dueño, y aún no había usucapido: "Si quis id quod traditur ex justa causa non a domino et nondum usucaptum petet, judicium dabo".

"Equidad y presunción de dominio son los fundamentos en que ésta descansa. Es dictado de la *equidad* preferir en la posesión al que ostenta un mejor derecho a la misma, y una posesión avalorada por el justo título y la buena fe se erige en una *presunción de dominio* de gran fuerza"[206].

3. PROCEDENCIA

Son presupuestos necesarios para la procedencia de la referida acción:

a. Existencia de posesión regular (art. 764-2 CC), es decir, aquella acompañada de justo título y buena fe[207].

---

206 ALESSANDRI RODRÍGUEZ y SOMARRIVA UNDURRAGA, Los bienes..., Op. Cit. P. 816. En el mismo sentido, afirma Claro Solar: "La acción publiciana de nuestro Código tiene como la acción del pretor romano un fundamento de equidad, pues con ella se quiere amparar al poseedor legítimo y de buena fe que se hallaba en situación de adquirir por prescripción el dominio de la cosa que ha entrado a poseer de buena fe y en virtud de un justo título". CLARO SOLAR, Luis. Derecho Civil Chileno. Tomo IX. Chile: Nascimento, 1939. P. 404 y 405. Asimismo, POTHIER, Robert Joseph. Tratado de derecho de la propiedad. Trad. Manuel Deó. Tomo VII. Madrid: Librería de V. Suárez, 1882. P. 212. Y, por su parte, la Sala de Casación Civil de la Corte Suprema de Justicia, mediante sentencia del 4 de octubre de 1971 (M.P. Humberto Murcia Ballén) y en referencia a la presunción de dominio que sirve de fundamento a la mentada acción, observó: "Mediante esta norma nuestro derecho positivo consagró la acción publiciana, así conocida por haber sido introducida en Roma por el pretor Publicius como medio para tutelar el derecho de quien estaba en camino de adquirir la propiedad por usucapión y era privado de la cosa. Mediante una ficción se consideraba que el poseedor había cumplido el tiempo necesario para que operara este modo de adquirir, y así podía reclamar la restitución de la cosa sobre la cual apenas si tenía una propiedad bonitaria. Esta acción publiciana era, pues, en cuanto a su forma una actio fictitia porque reposaba sobre la ficción del cumplimiento de una usucapión que no se habla realizado aún; y en cuanto a su naturaleza y sus efectos una rei vindicatio, que producía las consecuencias de esta acción dada para la protección de la propiedad quiritaria".

207 De conformidad con el artículo 764 CC, se llama posesión regular la que procede de justo título y ha sido adquirida de buena fe, además de precisarse los elementos comunes a toda posesión material: *corpus* y *animus*. Entiéndase por justo título, el acto jurídico (o contrato) que genera la apariencia de propiedad (principio de propiedad aparente), es decir, aquel que, dada su vocación traslaticia, hace creer al adquirente que ha se configurado la efectiva tradición del derecho real. Desde ese enfoque, el justo título se concreta en un acto jurídico de vocación traslaticia que reúne, a plenitud, los elementos de existencia y los requisitos de validez, razón por la cual se le concede, además, el adjetivo de "justo". En esta materia, conviene advertir la imprecisión del artículo 765 CC, pues, al pretender clasificar las especies de títulos, considera que son constitutivos de dominio: la ocupación, la accesión y la prescripción. Es claro que los citados supuestos no constituyen ejemplos de títulos sino de modos adquisitivos (art. 673 CC), de tal suerte que, en ese punto, faltó rigor y técnica en la redacción de la citada norma. De otro lado, la buena fe, en materia posesoria, debe asumirse como la conciencia de haberse adquirido el dominio de la cosa (u otro derecho real usucapible) por medios legítimos, exentos de fraude y cualquier otro vicio –buena fe subjetiva- (art. 768 CC). Tal convicción, sin embargo, "no constituye una simple impresión psicológica o espiritual del poseedor, sino que es una convicción o persuasión que debe ser valorada de acuerdo con los hechos creadores de la adquisición". VELÁS-

b. Haber perdido la posesión de la cosa.

c. Haberse hallado en el caso de poder ganar el bien por prescripción. Por lo tanto, "todo poseedor regular de cosas que se encuentran en el comercio, puede ganarlas por prescripción, y no se exige ninguna condición de tiempo. Así, quien solo lleva un día de posesión regular se encuentra en el caso de adquirir la propiedad por prescripción"[208].

Ahora bien, ¿cuándo se está en el caso de poder ganar por prescripción la cosa? Al respecto, la Sala de Casación Civil de la Corte Suprema de Justicia, mediante sentencias del 3 de marzo y del 2 de diciembre de 1954, especificó el evento en el que hay lugar al ejercicio de la mentada acción, a saber:

QUEZ JARAMILLO, Bienes..., Op. Cit. p. 159. La buena fe, finalmente, es aspecto que se presume, admitiéndose, en todo caso, prueba en contrario (arts. 66 y 769 CC); salvedad hecha de los eventos en que el legislador presume la mala fe (arts. 109-6, 768-4, 964-3, 1025-5, 1932-3, 2531-3 CC).

208 VALENCIA ZEA y ORTIZ MONSALVE. Derecho Civil..., Op. Cit. p. 237.

Primer supuesto: acción reivindicatoria general.	Se ha cumplido el plazo señalado por la ley para la usucapión ordinaria y el usucapiente ha obtenido sentencia declarativa de pertenencia a su favor, la cual fue debidamente registrada. En este caso, existe la acción reivindicatoria general y no hay lugar a ejercer la acción reivindicatoria especial del artículo 951 del Código Civil. El poseedor regular ha adquirido por usucapión el dominio de la cosa y una decisión judicial así lo ha declarado.
Segundo supuesto: acción reivindicatoria general.	El poseedor regular, o sea, el poseedor con justo título y buena fe, y tradición si existe título traslaticio de dominio[209], ha cumplido íntegramente el plazo señalado por la ley para la usucapión ordinaria, pero ésta no ha sido declarada judicialmente, y se ve privado de la posesión material de la cosa. En este caso, existe también la acción reivindicatoria general. No es necesario que el demandante haya ejercitado previamente la acción declarativa de pertenencia por usucapión[210].
Tercero supuesto: acción reivindicatoria especial (pretesión publiciana).	El poseedor regular no ha cumplido íntegramente el lapso necesario para la usucapión ordinaria y se ve privado de la posesión. No habiéndose consumado todavía la usucapión no ha adquirido por este medio el dominio de la cosa y por lo tanto no puede ejercitar la acción reivindicatoria que sólo corresponde al dueño. Es en este último caso cuando la ley por razones de equidad ampara al poseedor regular mediante la acción reivindicatoria especial consagrada en el artículo 951 del Código Civil.

Finalmente, es necesario precisar que, a términos del inciso segundo del artículo 951 CC, la pretensión publiciana no prosperará contra del dueño, o contra el que posea con igual o mejor derecho; pues, como es sabido, la "acción publiciana no se introdujo, decían los romanos, para quitarle al dueño o señor lo que es suyo"[211].

209 En estricto rigor jurídico, constituye una imprecisión exigir, como lo prevé el inciso 4 del art. 764 CC, la tradición del respectivo derecho real para efectos de configurar la posesión regular, pues, si hubiese habido tradición, no se estaría en presencia de una posesión sino de la efectiva adquisición del respectivo derecho real, esto es, no se estaría en presencia de un poseedor sino del titular del derecho real traditado. En ese sentido, para ser poseedor regular no se requiere de tradición, como lo exige de manera imprecisa la norma glosada; antes bien, sólo se precisa de buena y de un título con vocación traslaticia que reúna, a plenitud, los elementos de existencia y los requisitos de validez. Otros autores, para significar aquella situación en la que no hubo trasferencia del respectivo derecho real, dejando al adquirente en calidad de poseedor, prefieren emplear el término "*seudotradición* o *tradición medio*". Al respecto, VELÁSQUEZ JARAMILLO, Bienes..., Op. Cit. p. 338.

210 Es así, en razón de la naturaleza declarativa de la acción (pretensión) de pertenencia, según se infiere los postulados del artículo 375 CGP.

211 ALESSANDRI RODRÍGUEZ y SOMARRIVA UNDURRAGA, Los bienes..., Op. Cit. P. 818. En el mismo sentido, expresaba Pothier: "Ordinariamente el antiguo poseedor de buena fe, que todavía no es propietario, solo puede reivindicar la cosa cuya posesión ha perdido, contra los que poseen sin título; si después de haberla perdido, la posesión de esta cosa hubiere pasado a manos del verdadero propietario, es evidente que no podría de ley reivindicarla contra él". POTHIER, Tratado de derecho..., Op. Cit. P. 213.

CONCLUSIONES

La presente obra desarrolló tres aspectos esenciales en relación con la posesión: su naturaleza, fundamentación y, finalmente, su protección judicial. En función del primer aspecto, se estudiaron las diferentes concepciones que han aportado al debate sobre la naturaleza de las relaciones posesorias, haciendo las críticas en cada caso y, a reglón seguido, contribuyendo a la discusión a partir de una propuesta que explica la naturaleza de la posesión a partir de la teoría de los hechos jurídicos, considerándose que la posesión, en tanto supuesto de hecho productor de consecuencias jurídicas, es un hecho con relevancia para el derecho (en sentiso estricto, una acto jurídico lícito) y, en esa medida, generador de precisas prerrogativas que, en el marco de las relaciones jurídicas, presupone para el poseedor una situación de privilegio, ventaja o favorabilidad en relación con las demás personas (a excepción, como es sabido, del titular del derecho real, art. 762 CC), siendo aquellas llamadas a respetar esa relación y, por lo tanto, a abstenerse de interferir en el curso de la misma (no derecho).

En función del segundo enfoque, se estudiaron las diferentes corrientes sobre la fundamentación de la posesión, es decir, se examinaron aquellas tesis que debaten sobre las razones que justifican la protección de las relaciones posesorias. En ese sentido, se propuso una lectura de la posesión a partir de la función social subyacente a su protección, reconociéndosele, a su vez, como un instituto de gran un instrumento de justicia social que promueve los fines y valores esenciales de un Estado Social de Derecho, a saber: la igualdad, la solidaridad, la dignidad humana y el trabajo.

Finalmente, en función del tercer aspecto, se analizaron, de manera crítica y reflexiva, los diferentes mecanismos de protección de la posesión; en otras palabras, se abordó el aspecto instrumental de la posesión: el referente a las acciones (pretensiones) que sirven de protección a las prerrogativas derivadas del hecho posesorio. Con ese propósito, se estudiaron, apelando a los enfoques normativo, doctrina y jurisprudencial, los interdictos posesorios, los posesorios especiales, la acción de publiciana y la acción de restablecimiento o de *status quo*.

El estudio efectuado, entonces, espera contribuir a la mejor comprensión del fenómeno posesorio, reconociendo, no sólo su importancia normativa, sino y por sobre todo, su trascendencia social y económica en aras de la efectiva concreción de los fines y valores que inspiran el Estado Social de Derecho colombiano.

BIBLIOGRAFÍA

ALBALADEJO GARCÍA, Manuel. El negocio jurídico. Barcelona: Librería Bosch, 1958.

ALBUQUERQUE VIEIRA, Ana Rita. Da função social da posse e sua conseqüência frente à situação proprietária. Rio de Janeiro: Lumen Juris, 2002.

ALESSANDRI RODRÍGUEZ, Arturo y SOMARRIVA UNDURRAGA, Manuel. Los bienes y los derechos reales. Chile: Editorial Nascimento, 1974.

ALESSANDRI RODRÍGUEZ, Arturo, *et. al.* Derecho Civil. Tratado de los derechos reales. Tomo II. Chile: Editorial Jurídica de Chile, 2005.

BEJARANO GUZMAN, Ramiro. Procesos declarativos, arbitrales y ejecutivos. Sexta Edición. Bogotá: Temis, 2016. P. 57.

BELLO, Andrés. Exposición de motivos del Código Civil. En: Obras Completas, Caracas, 1969.

BIGLIAZZI GERI, Lina, *et al.* Derecho Civil. Tomo I. Volumen 2. Hecho y actos jurídicos. Bogotá: Universidad Externado de Colombia, 1995.

CARIOTA FERRARA, Luigi. El negocio jurídico. Madrid: Editorial Aguilar, 1956.

CLARO SOLAR, Luis. Derecho Civil Chileno. Tomo IX. Chile: Nascimento, 1939.

Código Civil Alemán

Código Civil Brasileño

Código Civil Colombiano

Código Civil Chileno

Código Civil Italiano

Código Civil Suizo

Código Civil y Comercial de Argentina

Consejo de Estado. Sala de Consulta y Servicio Civil. Sentencia de marzo 26 de 2014. M.P. Álvaro Namén Vargas.

Corte Constitucional. Sentencia C-241 de 2010. M.P. Juan Carlos Henao Pérez.

Corte Constitucional. Sentencia T. 494 de 1992. M.P. Ciro Angarita Barón.

Corte Constitucional. Sentencia T-751 de 2004. M.P. Jaime Araujo Rentería.

Corte Suprema de Justicia. Sala de Casación Civil. Sentencia de 27 de Abril de 1955. M.P. José J. Gómez.

Corte Suprema de Justicia. Sala de Casación Civil. Sentencia de agosto 29 de 2000. M.P. Jorge Santos Ballesteros.

Corte Suprema de Justicia. Sala de Casación Civil. Sentencia de Diciembre 4 de 1963. M.P. Enrique López de la Pava.

Corte Suprema de Justicia. Sala de Casación Civil. Sentencia de noviembre 4 de 1964. M.P. Enrique Coral Velasco.

Corte Suprema de Justicia. Sala de Casación Civil. Sentencia de septiembre 11 de 2015. M.P. Luis Armando Tolosa Villabona.

Corte Suprema de Justicia. Sala de Casación Civil. Sentencia del 22 de octubre de 1997. M.P. Pedro Lafont Pianetta.

Corte Suprema de Justicia. Sala de Casación Civil. Sentencia del 25 de noviembre de 2010. M.P. Edgardo Villamil Portilla.

Corte Suprema de Justicia. Sala de Casación Civil. Sentencia del 3 de julio de 1979. M.P. Germán Giraldo Zuluaga

Corte Suprema de Justicia. Sala de Casación Civil. Sentencia del 27 de marzo de 2001. M.P. Jorge Santos Ballesteros.

Corte Suprema de Justicia. Sala de Casación Civil. Sentencia del 12 de diciembre de 1979. M.P. Alberto Ospina Botero.

Corte Suprema de Justicia. Sala de Casación Civil. Sentencia del 6 de abril de 1999. M.P. José Fernando Ramírez Gómez.

Corte Suprema de Justicia. Sala de Casación Civil. Sentencia del 30 de abril de 1976. M.P. Humberto Murcia Ballén.

Corte Suprema de Justicia. Sala de Casación Civil. Sentencia del 3 de octubre de 1958. M.P. José Hernández Arbeláez.

Corte Suprema de Justicia. Sala de Casación Civil. Sentencia del 2 de diciembre de 1954. M.P. Manuela Barrera Parra.

Corte Suprema de Justicia. Sala de Casación Civil. Sentencia del 16 de julio de 1955. M.P. Ignacio Gómez Posse.

Corte Suprema de Justicia. Sala de Casación Civil. Sentencia del 4 de octubre de 1971. M.P. Humberto Murcia Ballén.

Corte Suprema de Justicia. Sala de Casación Civil. Sentencia No. 18 de mayo 4 de 1989. M.P. Hernando Gómez Otálora.

Corte Suprema de Justicia. Sala de Negocios Generales. Sentencia de junio 2 de 1943.

Corte Suprema de Justicia. Sala Civil. Sentencia SC1693 del 14 de mayo de 2019. M.P. Octavio Augusto Tejeiro Duque.

Corte Suprema de Justicia. Sala de Casación Civil. Sentencia del 10 de febrero de 2020. M.P Octavio Tejeiro Duque.

Corte Suprema de Justicia. Sala de Casación Civil. Sentencia SC-3381 de agosto 11 de 2021. M.P. Octavio Augusto Tejeiro Duque.

Corte Suprema de Justicia. Sala de Casación Civil. Sentencia SC-4826 de 2021. M.P. Wilson Aroldo Quiroz Monsalvo.

Corte Suprema de Justicia. Sala Civil. Sentencia del 29 de mayo de 1997. M.P. Xavier O'Callaghan Muñoz.

Corte Suprema de Justicia. Sala Civil. sentencias del 6 de octubre de 2009, radicado 2003-00205-01 y SC3934 de 2020.

Corte Suprema de Justicia. Sala Civil. Sentencia del 30 de julio de 2010, Radicado 2005-00154-01.

Corte Suprema de Justicia. Sala Civil. Sentencia SC 7004 del 5 de junio de 2014. Radicado 2004-00209-01.

Corte Suprema de Justicia. Sala Civil. Sentencia SC 16993 del 12 de diciembre de 2014. Radicado 2010-00166-01

Corte Suprema de Justicia. Sala Civil. Sentencia SC 10825 del 8 de agosto de 2016. Radicado 2011-00213-01.

COUTURE, Eduardo J. Fundamentos del Derecho Procesal Civil. Tercera Edición. Buenos Aires: Depalma, 1958.

DASSEN, Julio. Acciones posesorias. Buenos Aires: Abeledo-Perrot, 1966.

DE CASTRO Y BRAVO, Federico. El negocio jurídico. Madrid: Civitas, 1991. P. 27.

DIEZ-PICAZO, Luis. Fundamentos del Derecho Civil Patrimonial. Volumen I: Introducción Teoría del Contrato. Quinta edición. Madrid: CIVITAS, 1996. P. 73

ECHANDÍA, Devis. Nociones Generales de Derecho Procesal Civil. Madrid: Aguilar, 1966.

ENNECCERUS, Ludwing. Tratado de Derecho Civil. Segundo Tomo. Barcelona: Bosch Casa Editorial, 1981.

ESTÉVEZ, José Lois. Sobre el concepto de "naturaleza jurídica". En: Anuario de Filosofía del Derecho. ISSN 0518-0872, Nº 4, 1956, págs. 159-182.

GALGANO, Francesco. El negocio jurídico. Valencia: Tirant lo Blanch, 1992.

GARCÍA RAMÍREZ, Julián. Teoría del contrato. Bogotá: Ibález, 2022. p. 35-64.

GARCIA MATAMOROS, Laura Victoria y HERRERA LOZANO, María Carolina. El concepto de los daños punitivos o punitive damages. Estud. Socio-Juríd [online]. 2003, vol.5, n.1 [citado 2016-12-06], pp.211-229. Disponible en: <http://www.scielo.org.co/scielo.php?script=sci_arttext&pid=S0124-05792003000100006&lng=en&nrm=iso>. ISSN 0124-0579.

GARIBOTTO, J. C. Teoría General del Acto Jurídico. Buenos Aires : Ediciones Depalma, 1991. P. 10-19.

GERI, L. B., BRECCIA, U., BUSNELLI, F., & NATOLI, U. Derecho Civil. Tomo I Volumen 2: Hechos y Actos Jurídicos. Bogotá: Universidad Externado de Colombia, 1992. P. 569-573

GÓMEZ, C. Teoría del Contrato. Bogotá: Universidad de Medellín, 2010.

GÓMEZ, José J. Derecho Civil. Bienes. Derechos Reales. Bogotá: Universidad Externado de Colombia, 1968.

HEREDIA GÓMEZ, Fabián Orlando. La garantía decenal en la construcción de inmuebles. En: Revista de Responsabilidad Civil y del Estado. No. 8, marzo de 2000. P. 101-122.

HERNÁNDEZ GIL, ANTONIO. La función social de la posesión (Ensayo de teorización sociológico jurídica). Madrid: Alianza Editorial, 1969.

HERRERA ROBLES, Aleksey. Límites constitucionales y legales al derecho de dominio en Colombia. Análisis desde el derecho público. Revista de Derecho, Universidad del Norte, 20, 2003. P. 57-81.

HINESTROSA, F. Tratado de las Obligaciones I. Bogotá: Universidad Externado de Colombia, 2003.

HINESTROSA, Fernando. Tratado de la obligaciones II. De las fuentes de las obligaciones. El negocio jurídico. Volumen I. Bogotá: Universidad Externado de Colombia, 2015.

HOHFELD, W. N. Conceptos Jurídicos Fundamentales. Tercera Edición. México: Fontamara, 1995.

IHERING, Rodolf Von. La voluntad en la posesión. Con la crítica del método reinante. Madrid: Imprenta de la revista de legislación, 1896.

IHERING, Rudolf von. Teoría de la posesión. El fundamento de la protección posesoria. Madrid: Imprenta de la Revista de la Legislación, 1892.

IHERING, Rudolf von. Tres estudios Jurídicos. Buenos Aires: Atalaya, 1947.

JARAMILLO JARAMILLO, Fernando y RICO PUERTA, Luis Alonso. Bienes. Tomo I. De los derechos reales. Bogotá: Leyer, 2001.

JARAMILLO JARAMILLO, Fernando y RICO PUERTA, Luis Alonso. Derecho Civil Bienes. Posesión y prescripción adquisitiva. Tomo II. Bogotá: Leyer, 2005.

KELSEN, Hans. Teoría General del Estado. Trad. Luis Legaz y Lacambra. Madrid: Labor, 1959. P. 85

KELSEN, Hans. Teoría Pura del Derecho. Cuarta Edición. Buenos Aires: Eudeba, 2009. P. 105

LARGAMILLA, Alejandro. De las acciones posesorias. Segunda Edición. Montevideo: La bolsa de los libros, 1930.

LOZADA, Alí. Hohfeld en la teoría de Alexy y más allá. En: Revista Iberoamricana de argumentación. Vol. 13, 2016. p. 1-17.

MESSINEO, Francesco. Manual de derecho civil y comercial. Vol. II. Buenos Aires: Ediciones Jurídicas Europa-América, 1979.

MOISSET de ESPANÉS, Luis. COSAS MUEBLES. Acciones posesorias (turbación). En línea: http://www.faudi.unc.edu.ar/acaderc/doctrina/articulos/cosas-muebles.-acciones-posesorias-turbacion. Fecha de consulta: 12/04/2016.

MOTA, Mauricio y DE AZEVEDO TORRES, Marcos Alcino. A Função Social da Posse no Código Civil. En: Revista de Direito da Cidade vol.05, nº 01. ISSN 2317-7721. P. 249-324.

OCHOA CARVAJAL, Raúl Humberto. Bienes. Sexta Edición. Bogotá: Temis, 2006.

PARRA BENÍTEZ, Jorge. Derecho civil general y de las personas. Bogotá: Leyer, 2008. P. 157

PEÑA QUIÑONES, ERNESTO y PEÑA RODRÍGUEZ, Gabriel Ernesto. El derecho de bienes. Segunda Edición. Bogotá: Legis, 2006.

POTHIER, Robert Joseph. Tratado de derecho de la propiedad. Trad. Manuel Deó. Tomo VII. Madrid: Librería de V. Suárez, 1882.

RENGIFO GARDEAZÁBAL, Mauricio. Teoría General de la Propiedad. Bogotá: Uniandes-Temis, 2011.

RICO PUERTA, Luis Alonso. Teoría General del Proceso. Bogotá: Comlibros, 2006.

SAVIGNY, Friedrich Karl von. Tratado de la posesión. Madrid: Imprenta de la sociedad literaria y tipográfica, 1845.

SAVIGNY, Karl Von. Sistema del Derecho Romano Actual. Tomo III. Madrid: F. Góngora y Compañía, Editores, 1879.

SCOGNAMIGLIO, Renato. Teoría General del Contrato. Traducción Fernando Hinestrosa. Bogotá: Universidad Externado de Colombia, 1991. P. 15.

SOLARTE RODRÍGUEZ, Arturo. El régimen de responsabilidad civil de los constructores en Colombia. II Congreso Internacional de Derecho de Seguros: actuales paradigmas jurídicos. Santa Marta, 2014.

SUÁREZ HERNÁNDEZ, Daniel. La prueba en los procesos posesorios y reivindicatorios. En: Revista del Instituto Colombiano de Derecho Procesal. Vol. 2, Núm. 2, 1984. P. 11-22.

TERNERA, Francisco. Derechos reales. Cuarta edición. Bogotá: Temis, 2015. P. 279.

Tribunal Supremo Español. Sala de lo Civil. Sentencia del 29 de mayo de 1997. M.P. Xavier O'Callaghan Muñoz.

VALENCIA ZEA, Arturo. Derecho Civil. Tomo I. Parte Segunda. Buenos Aires: Roque Depalma, 1957. P. 308-309

VALENCIA ZEA, Arturo y ORTIZ MONSALVE, Álvaro. Derecho Civil. Tomo II. Derechos Reales. Undécima edición. Bogotá: Temis.

VALENCIA ZEA, Arturo. La posesión. Tercera Edición. Bogotá: Temis, 1983.

VELÁSQUEZ JARAMILLO, Luis Guillermo. Bienes. Duodécima edición. Bogotá: Temis, 2010.

VELÁSQUEZ POSADA, Obdulio. Responsabilidad Civil Extracontractual. Segunda Edición. Bogotá: Temis-Universidad La Sabana, 2015.

EL AUTOR

Abogado de la Universidad de Medellín. Diplomado en Contratación Estatal y magíster en Derecho (énfasis en Derecho Privado) de la Universidad de Medellín. Docente universitario de pregrado y posgrado. Joven Investigador COLCIENCIAS (2010). Miembro fundador del Instituto Colombiano de Historia del Derecho (ICDH). Subsecretario de Defensa y Protección de lo Público del Municipio de Medellín (periodo 2020-2021). Cofundador de la firma GESLA Abogados.

AUTOR Y COAUTOR, RESPECTIVAMENTE, DE LOS TEXTOS:

GARCÍA RAMÍREZ, Julián. Entre derechos y deberes: el deber de solidaridad en el Estado constitucional. Medellín: Sello Editorial Universidad de Medellín, 2012.

GARCÍA RAMÍREZ, Julián. Concepciones sobre la norma jurídica una aproximación textual. En VALDERRAMA BEDOYA, Francisco (Coordinador académico). Teoría del derecho. 3.ª edición. Medellín: Sello Editorial Universidad de Medellín, 2013.

GARCÍA RAMÍREZ, Julián (Coordinador). Derecho Privado: análisis, crítica y reflexión. Medellín: Sello Editorial Universidad de Medellín, 2016.

GARCÍA RAMÍREZ, Julián (Coordinad<<<or). Teoría del contrato. Bogotá: Editorial Ibáñez, 2022.

AUTOR DE DIFERENTES ARTÍCULOS DE CARÁCTER CIENTÍFICO DENTRO DE LOS QUE SE DESTACAN:

GARCÍA RAMÍREZ, Julián y ARROYAVE LÓPEZ, Érika Natassia. Eficacia simbólica y pluralismo jurídico: Una mirada desde "El ingenioso hidalgo don Quijote de la Mancha. En Revista Universidad de Medellín. Vol. 42 fasc. 84 (2007); pp. 49-67 ISSN: 0120-5692.

GARCÍA RAMÍREZ, Julián. Antinomias penales y caos Institucional: Un ensayo crítico. En Revista Universidad de Medellín. Vol. 42 fasc. 83 (2007); pp. 79-85 ISSN: 0120-5692.

GARCÍA RAMÍREZ, Julián. Reflexiones epistemológicas desde y hacia la historia del derecho: Un discurso sobre el discurso. En Revista Facultad de Derecho y Ciencias Políticas. Vol. 38 fasc. 108 (2008); pp. 73-96 ISSN: 0120-3886.

GARCÍA RAMÍREZ, Julián. Una aproximación menos escéptica a la teoría de los principios generales del derecho: sobre el distanciamiento de la justificación iusnaturalista. En Revista Universidad de Medellín. Vol. 44 N.° 87 (2009); pp. 89-99.

GARCÍA RAMÍREZ, Julián y ESTRADA VÉLEZ, Sergio. Algunas reflexiones en torno a la necesidad de una teoría del derecho y de los casos difíciles acorde con contexto del Estado constitucional colombiano. En Revista Opinión Jurídica. Vol. 8 N.° 15 (2009); pp. 97-113 ISSN: 1692-2530.

GARCÍA RAMÍREZ, Julián. Algunas reflexiones sobre el estatuto epistemológico de la historia del derecho. En Revista Precedente. (2010); pp. 71-88 ISSN: 1657-6535.

GARCÍA RAMÍREZ, Julián. A propósito del código y la codificación. En Revista Precedente. Vol. 1 (2012); pp. 119-148 ISSN: 1657-6535.

GARCÍA RAMÍREZ, Julián. La revisión del contrato por vía de tuteña. Reflexiones en tiempos de pandemia. En: FERNÁNDEZ MUÑOZ, Mónica Lucía y GUAL ACOSTA, José Manuel. Desafíos del Derecho en época de pandemia (COVID-19). Derecho contractual, empresarial y del trabajo, afectación a la familia y a las personas. Bogotá: Ibáñez, 2020.

GARCÍA RAMÍREZ, Julián. Del régimen general incapacidad al régimen especial de capacidad de las personas en condición de discapacidad. A propósito de la Ley 1996 de 2019. En: Memorias del XIII Congreso Internacional de Derecho Procesal. Nuevas dinámicas del Derecho Procesal. Medellín: Universidad de Medellín, 2020.

LA EFICIENCIA EN LA IMPARTICIÓN DE JUSTICIA FEDERAL EN MÉXICO, 1995-2022. Una evaluación estadística

Descripción	Ficha creada	15 / 06 / 2026
08-06-2026	Estado	58 - ARTE FINAL OK

Cantidad	Nº TLB	ISBN	Págs.
1	018932	9788411978521	264 págs.
TAMAÑO LIBRO 15x21,5 cms.	**Lomo 70grs** 11.89 mm	**SOLAPAS.** 8.5 cm.	**TAMAÑO PLIEGO** 32x44 cms. 33 pliegos
PAPEL BLANCO 70gr.	**PORTADA** Mate	**IMPRIMIR** 4 libros/pliego 1 juego + pucha